Les perles
des
fonctionnaires

JÉRÔME DUHAMEL

Les perles des fonctionnaires

L'Administration face aux Français : 2000 lettres, rapports et formulaires authentiques… et désopilants !

LE GRAND LIVRE DU MOIS

Maquette intérieure : Gaëlle Chartier

22, rue Huyghens, 75014 Paris

ISBN : 2-7028-1520-0

SOMMAIRE

Petit lexique en guise de préface... **9**

1 La police **15**

2 Le Trésor public et les impôts **39**

3 Nos maires et nos élus locaux **57**

4 La Justice **81**

5 La Sécurité sociale et notre santé **95**

6 Les douaniers **115**

7 Les enseignants et l'Éducation nationale **127**

8 La gendarmerie **149**

9 Du côté des ministères **169**

10 Les pompiers **187**

11 Quelques services publics **195**

PETIT LEXIQUE EN GUISE DE PRÉFACE...

ADMINISTRATION

Nous avons laissé se développer le pouvoir excessif de l'administration, une réglementation incompréhensible, des contrôles, des contraintes de plus en plus mal supportés.

JACQUES CHIRAC, L'Express (15.2.1978).

Dans une administration, plus qu'ailleurs et autant que dans l'armée au moins, tu dois te soumettre au supérieur, voilà pourquoi tu as tellement tendance à faire chier l'inférieur. L'inférieur, c'est ta compensation, tu comprends ? Ton aspro, ta soupape. Sans lui, tu ne pourras pas tenir. Et le soutien du mec situé au plus bas de l'échelle, son salut c'est qu'il s'aigrit. Alors, étant aigri, il devient apte à passer supérieur, ce qui l'introduit dans le circuit ascensionnel. Je te dis que la vie est somme toute assez bien faite. Suffit de savoir s'y incorporer.

SAN-ANTONIO, Les Con.

Il faut secouer l'administration comme la publicité le fait avec la petite bouteille et développer la stratégie Orangina.

HERVÉ DE CHARRETTE, L'Événement du Jeudi (4.7.1987).

BUREAUCRATIE

Le microbe de la bureaucratie ! On ne parlemente pas avec les microbes. On les tue !

ALPHONSE ALLAIS, Le Captain Cap.

Éducation nationale

Je trouve stupéfiant qu'en France on vous dise maintenant que, pour enseigner, il faut être obligatoirement fonctionnaire.

Jacques Chirac, T.F.1., Politiques (27.3.1984)

On pardonnerait à l'instruction d'être laïque, si elle n'était obligatoire. On lui pardonne d'être gratuite, parce qu'elle n'en vaut pas davantage.

Georges Elgozy, L'Esprit des mots ou l'antidictionnaire.

École Nationale d'Administration

L'Irlande a l'IRA, l'Espagne a l'ETA, l'Italie a la Mafia, et la France a l'ENA.

Alain Madelin, V.S.D. (22.5.1997).

Et c'est ainsi que je suis entré à l'ENA, triste comme la mort, et j'ai passé l'année la plus épouvantable, la plus effrayante de toute mon existence. [...] J'ai travaillé dans une ambiance très mauvaise, où les gens se chipotaient les choses, des mesquineries incroyables. Quand il y avait des passages intéressants dans un livre, il y avait toujours quelq'un pour arracher la page de façon à ce que les autres n'en profitent pas.

Jacques Chirac, cité par H. Vida, Mes hommes politiques.

J'ai failli crever à l'ENA, c'est le lieu de l'ambition sans le souffle : un laminoir très bien mis au point, dont sort un langage unique. J'en ai réchappé de justesse.

Philippe de Villiers.

Fonctionnaires

Des masses d'employés s'occupent en permanence à répondre aux flots de questionnaires et de paperasses, qu'en face, des masses de fonctionnaires engendrent consciencieusement, sans que personne ne puisse dire, dans la plupart des cas, à quoi le tout sert au juste.

Jacques Chirac, La Lueur de l'espérance.

Les fonctionnaires, si on les laisse calés contre des radiateurs, ils dorment pendant vingt ans. Rassurez-vous, avec moi, ils ne dormiront pas longtemps.

Bernard Tapie, Le Journal du Dimanche (4.1992).

Les fonctionnaires font les meilleurs maris. Quand ils rentrent le soir à la maison, ils ne sont pas fatigués et ils ont déjà lu le journal.

Jean Martet.

On ne peut comparer l'abord peu engageant des boutiquiers qu'au mauvais vouloir des petits fonctionnaires dans leurs rapports avec le public. On a toujours l'air de les déranger. On croirait que tout guichet est destiné à être fermé et qu'il n'est ouvert, à heures fixes, que par condescendance.

Paul Gaultier, L'Âme française.

Le fonctionnaire paresseux est, en général, mal noté de ses supérieurs hiérarchiques ; il répugne à faire semblant de travailler comme tout le monde !

Georges Elgozy, L'Esprit des mots ou l'antidictionnaire.

Gendarmes

Les gendarmes se sont multipliés en France bien plus encore que les violons, quoique moins nécessaires pour la danse.

Paul-Louis Courier, Pétitions à la Chambre des députés pour les villageois que l'on empêche de danser.

Hauts fonctionnaires

Surmenage : dangereuse maladie affectant les hauts fonctionnaires désireux d'aller à la pêche.

Ambrose Bierce, Dictionnaire du diable.

Un peu d'embonpoint, un certain avachissement de la chair et de l'esprit, je ne sais quelle descente de la cervelle dans les fesses, ne messiéent pas à un haut fonctionnaire.

Jules Romains, Les Copains.

Impôts

La France est un pays d'une incroyable fécondité. On y plante des fonctionnaires, il y pousse des impôts.

Edmond et Jules de Goncourt, Journal.

Les années 80 ne pourront pas être placées sous le signe de la cueillette permanente des poires.

Jacques Delors.

Il faut prendre l'argent là où il est : chez les pauvres.

Alphonse Allais.

Qui donne aux pauvres prête à Dieu. Qui donne à l'État prête à rire.

Tristan Bernard.

Justice

La justice coûte cher.
— C'est pour ça qu'on l'économise.

Marcel Achard, L'Idiote.

La justice humaine est pour moi ce qu'il y a de plus bouffon au monde ; un homme en jugeant un autre est un spectacle qui me ferait crever de rire, s'il ne me faisait pitié, et si je n'étais maintenant forcé d'étudier la série d'absurdités en vertu de quoi il le juge. Je ne vois rien de plus bête que le Droit, si ce n'est l'étude du Droit.

Gustave Flaubert, Lettre à Ernest Chevalier.

Ministères

Un ministère est un endroit où ceux qui arrivent en retard croisent dans l'escalier ceux qui partent en avance.

Georges Courteline.

Ministère des finances

C'est curieux, dans le fond, que la Suisse ait un ministère de la Marine. Mais après tout, on a bien un ministère des Finances...

Armand Isnard, Les Histoires drôles de la politique.

Police

J'ai des copains dans la police, ils boivent plus que chez les facteurs mais c'est pas grave parce que dans la police on distribue pas le courrier...

Jean-Marie Gourio, Brèves de comptoir.

Si les policiers n'étaient pas bêtes, ils ne seraient pas policiers.

Charles de Gaulle, cité par E. Mignon, Les Mots du Général.

Il avait décidé de se faire flic afin de disposer d'un maximum de moyens pour pouvoir faire chier un maximum de gens.

San-Antonio, Y a-t-il un Français dans la salle ?

Services publics

Être employé aux Postes ou aux Chemins de fer. Objectifs éblouissants. Qu'il pleuve, qu'il vente, t'es à l'abri. La paye tombe comme une horloge, et au bout il y a la retraite. C'est pas qu'on gagne beaucoup mais c'est sûr. Et t'es respecté. Ça fait rire aujourd'hui. Les Postes, le Chemin de fer, ça n'est plus des objectifs éblouissants, même pour le plus râpeux des ploucs de l'Ardèche. Tout juste des marchepieds provisoires pour les Martiniquais se cherchant un point de chute dans la métropole.

François Cavanna, Lui (1978).

On ne peut rien imaginer de plus sordide que nos bureaux de poste, nos gares, nos ministères... Personne ne s'en soucie, ni les employés ni, chose invraisemblable, les usagers eux-mêmes. C'est un scandale permanent pour les étrangers qui nous visitent.

Paul Gaultier, L'Âme française.

Technocrates

Je crois que le pouvoir technocratique comporte un très grand danger dans la mesure où c'est un pouvoir déshumanisé.

Jacques Chirac, Le Quotidien de Paris (8.7.1974).

Il y a trois méthodes traditionnellement françaises pour ruiner une affaire qui marche : les femmes, le jeu et les technocrates. Les femmes, c'est le plus marrant, le jeu, c'est le plus rapide, les technocrates, c'est le plus sûr !

Michel Audiard.

CHAPITRE 1

La Police

L'homme avait un physique à ne pas s'en laisser compter...

Dans ce conflit, le rôle des forces de l'ordure a été déterminant...

L'homme nous regardait avec une insolence qui n'avait d'égale que sa culpabilité.

L'homme n'arrêtait pas de nous parler de sa « malheureuse femme » alors qu'il lui avait donné 37 coups de couteau au cou, au thorax et à l'abdomen.

C'est alors que le suspect a eu l'audace de s'endormir pendant que nous l'interrogions.

Il est avéré que le plaignant a porté plainte uniquement pour le plaisir de se plaindre.

Interrogé par nos soins, l'homme a alors menacé de nous répondre si on continuait à l'interroger...

L'homme sortit de son pantalon un engin avec lequel il frappa violemment l'inspecteur à la bouche.

Le garçon de café était une femme...

L'homme nous raconta toute la vérité qui n'était qu'un tissu de mensonges.

L'homme a refusé de reconnaître qu'il nous avait menti en affirmant qu'il était mort.

Le prévenu a attendu d'avoir fini son repas pour commencer une grève de la faim.

L'homme refusa de nous présenter ses papiers qu'il n'avait pas.

Nous n'avions que 2 chances sur 2 de réussir l'opération, c'est pourquoi nous avons préféré attendre les renforts demandés.

L'homme attendait l'autobus d'un œil suspect...

L'homme a déclaré textuellement qu'il se refusait « à parler à des imbéciles comme nous » et que pour ce motif il refuserait de parler aussi au juge où nous voulions le conduire.

Nous avons maintenu le suspect en détention pour le détendre...

L'accusé a reconnu avoir pour son usage personnel coupé à la tronçonneuse près du monument aux morts plusieurs arbres centenaires dont certains venaient juste d'être plantés.

L'appel de la plaignante a été enregistré en pleine nuit vers 11 h 00 du matin...

Les trois Africains soupçonnés d'avoir trempé dans l'affaire ont tous été blanchis par l'enquête qui a suivi.

L'homme nous parla de son affaire qui n'était pas bien grande au début mais qu'il avait réussi à faire grossir grâce à son épouse...

Face à face avec son adversaire, l'homme le prit en traître par derrière...

Pour ne pas se rendre à notre convocation, la dame essaya vainement de nous faire croire que son mari était mort le jour même, ce qui était exact...

Le suspect nous a alors menacés en fronçant les sourcils...

Pendant tout l'interrogatoire, l'homme n'a cessé de nous dévisager avec ses propres yeux.

Le cadavre de l'homme qui nous a été présenté correspondait bien à la description de la femme qui avait été vue par les différents témoins.

Cet interminable dialogue de sourds a duré au moins une minute...

Pour nous prouver son innocence, l'homme nous avoua alors d'autres délits commis antérieurement.

Le chien s'est alors jeté sur nous avec l'air menaçant de son maître…

L'homme courait à perdre haleine malgré sa jambe artificielle qui s'était décrochée…

Si la fenêtre du bureau des inspecteurs n'avait pas été fermée, elle aurait été ouverte, ce qui lui aurait permis de s'enfuir, ce qui n'était heureusement pas le cas.

Maîtrisé par nos soins, l'homme s'est enfui à toutes jambes…

Malgré son refus de nous suivre au commissariat, l'homme accepta sans réticence de s'y rendre avec nous…

Les neuf coups de couteau relevés sur le cou et le visage de la défunte laissaient croire à une mort qui n'était pas naturelle…

Le truand appréhendé a commis son larcin sous l'œil débonnaire d'un inspecteur en civil qui se trouvait sur les lieux parce qu'il n'était pas en service ce jour-là.

L'homme prétendit être indisposé par le sexe de l'inspecteur qui était féminin…

Le suspect prétendait n'avoir rien dérobé de répréhensible si ce n'est une liasse de billets de 500 francs...

Le montant de tous ces objets sans grande valeur que nous avons saisis s'élève à plusieurs millions de francs.

Son décès indiquait une mort récente.

Interrogé par l'inspecteur Nicole X..., l'interpellé a déclaré devant nous qu'il refusait de « parler à une gonzesse idiote », ce que nous avons dû constater.

La femme nous a lancé des qualificatifs orduriers qui ne se justifiaient pas dans la bouche d'une mère de cinq enfants.

L'homme bénéficiait d'une flatteuse réputation d'escroc...

L'homme qui nous a éclairé sur cette affaire travaille lui aussi à l'EDF...

Nous avons répondu à la personne interrogée que notre rôle n'était pas de le condamner mais juste de l'obliger par tous les moyens à avouer qu'il n'avait pas commis le geste.

Le suspect exigea un annuaire pour trouver un avocat, requête qui lui fut naturellement accordée. Il s'avéra cependant au bout d'une heure que le suspect espérait seulement gagner du temps vu qu'il ne savait pas lire et écrire.

A notre arrivée, l'homme faisait le mort dans le but de nous faire croire qu'il n'était plus vivant.

L'agresseur avait frappé nonchalamment de ses deux poings la jeune fille qui lui barrait la sortie de l'établissement, la laissant baigner dans son sang jusqu'à l'arrivée des secours.

Le tiroir-caisse était en effet vide comme s'il n'y avait rien dedans.

L'intéressé nous donna alors de très nombreux détails qui portaient à croire que son épouse était bien la voleuse de sa femme.

Vu les circonstances, nous avons donc été contraints d'arrêter le suspect en son absence...

Pour se défendre, l'homme voulut lancer son genou aux parties de son agresseur qu'il dissimulait dans sa poche...

Le suspect portait aux pieds deux chaussures de type basket aux origines douteuses...

L'homme n'accepta de signer la déposition que du bout des lèvres...

L'homme ne voulait pas démordre qu'il n'y avait pas de légitime défense puisque personne ne l'avait attaqué et qu'il était rentré tout seul dans le poteau où il s'était éborgné l'œil.

Quand nous avons découvert son corps, le suicidé avait l'air soucieux...

L'homme avait tenté de forcer toutes les issues de la femme sans parvenir à s'y introduire.

Seule l'autopsie poura dire si l'homme est encore vivant...

Le suspect, qui exerce depuis 20 ans le métier de fourreur, a farouchement nié les accusations de viol...

Malgré sa taille, celui-ci semblait vivre petitement…

Victime de pédophilie, l'homme boitait depuis sa naissance…

De nombreuses plaintes ont été déposées ces derniers temps à l'égard d'un individu qui pête pour la fondation de l'abbé Pierre.

Non seulement la mère n'est pas morte comme le prétendent ses enfants, mais il a même été prouvé qu'elle est en vie.

La femme resta ouverte jusqu'à l'arrivée de son mari…

L'homme était bien trop élégant pour être coupable…

Le forcené passait sa vie à écrabouiller sa famille sous ses colères d'alcoolisme…

Son alibi ayant pu être vérifié, nous avons été obligé de constater que le suspect ne pouvait être présent à l'heure dite sur les lieux du vol qu'il avait commis.

La caissière était trop insoupçonnable pour ne pas éveiller les soupçons...

L'homme s'est pendu après s'être tranché la gorge.

Dès que l'homme fut abattu, nous avons pu procéder à son interrogatoire.

Au dire des témoins, si la victime était restée chez elle, l'accident n'aurait pas eu lieu...

Il est probable que la suicidée a été lâchement assassinée.

La tête ne lui tenait plus que par la peau du derrière...

L'homme nous a traités d'imbéciles, de salauds, d'ordures et de pourritures sans que nous puissions le démentir.

Suite à la grève illimitée commencée lundi à 8 h et stoppée à 10 h, nous n'avons pas eu à déplorer d'incidents.

L'assassin était sans doute un homme contondant...

La dame nous menaça ouvertement de nous poursuivre en diffamation parce que nous lui disions sa vérité et qu'elle ne voulait pas l'entendre de notre bouche.

Le coup porté à bout portant lui a enfoncé la moitié des dents dans les oreilles.

La femme a vraisemblablement été étranglée par son assassin...

L'assassinat avait donc bien le crime pour seule et unique raison.

Après avoir déjà enfilé deux sens interdits, l'homme s'en est pris à la conductrice...

On ignore les raisons qui ont poussé le désespéré à se faire assassiner...

Du corps de la victime, il ne restait plus sur les lieux qu'une chaussure de taille 41.

Le défunt a formellement reconnu son agresseur.

Cinq des trois suspects ont été relachés…

La femme ayant été décapitée, il nous a été impossible jusqu'à présent de mettre un nom sur son visage.

Aucun dégât n'est à déplorer à l'exception de la seule et unique victime.

Selon ses dires, l'homme est mort vers 16 h 30.

Entendu toute la journée, l'homme n'a rien dit.

L'altercation a opposé deux opposants politiques qui ne semblaient d'accord que pour se battre.

L'homme a juste déposé sa plainte sur le bureau avant de s'envoler devant nos yeux qui n'ont rien compris.

Le choc fut sans gravité même s'il fallut déplorer deux morts...

L'homme fut atteint au nez et aux narines...

Seuls quelques dégâts matériels furent notés sur le cadavre...

Arrêté par nos soins, l'homme fut enfin libre de parler...

Le policier put frapper son agresseur à la tête sans difficulté, son arme étant parfaitement réglementaire.

Le nommé Martin fut si violemment frappé qu'il reprit connaissance.

L'agresseur s'étant rendu sans résistance, il a enfin pu être maîtrisé...

L'homme ne semblait pas avoir prévu son meurtre avec préméditation...

Il s'était introduit dans la sacristie en escaladant la Sainte Vierge...

Malgré son passé d'artisan boulanger, l'homme s'était pendu...

Un violent coup sur la tête semblait indiquer une mort naturelle...

Après identification, le corps fut rendu à sa famille dont personne n'a pu retrouver la trace.

Le défunt confirma que son meurtrier avait bien agi seul.

Malgré son mariage et ses quatre enfants, l'homme vivait comme un veuf éploré...

Grièvement blessé, la vitrine s'effondra en morceaux...

La mer était sa terre natale...

Deux Tunisiens se sont jetés sur deux fillettes de 11 ans, hier à 11 h 30, rue d'Aix. Ils ont emporté leurs mouchoirs.

Le trio des voleurs étaient composé de quatre hommes d'origine africaine...

Le suspect étant sans domicile fixe, les policiers purent le cueillir quand il sortit enfin de chez lui.

L'homme qui avait dérobé les miches s'en prit ensuite à celles de la boulangère…

Prétendant être amnésique, l'homme déclina son identité et fournit tous les détails nécessaires à l'arrestation de son agresseur.

L'homme portait une perruque pour faire croire qu'il était chauve.

L'homme, âgé d'environ 30 ans, semblait enduit de chair humaine.

L'homme s'était enfermé dans une violente colère dont il ne sortit que pour y entrer à nouveau.

Nos soupçons furent éveillés par la canne noire que le soi-disant aveugle portait sous le bras.

Trois personnes devaient trouver la mort dans cet accident où périrent les cinq enfants d'une même famille.

Le blanc de la cible avait été tracé à l'encre noire...

Excellent nageur lui-même, l'homme se noya comme les autres...

Hier soir, seuls deux accidents mortels, sans victimes heureusement, étaient signalés.

L'homme avait suffisamment gardé la tête froide pour ranger soigneusement les morceaux du corps au congélateur.

Enfermés 24 heures sur 24 dans le noir total, les animaux ne voyaient pas la vie en rose.

Malgré ses 80 ans, la vieille femme retrouva ses jambes de 20 ans pour tenter de se soustraire à nos questions.

Tombé du cinquième étage dans une plate-bande, l'enfant se releva comme une fleur.

L'homme vivait seul depuis son mariage...

Mort sur le coup, l'homme avait déjà été victime d'un accident identique l'an dernier...

La femme se débattit violemment quand les trois hommes s'en prirent à sa queue de cheval dans le but de la tirer.

Il avait culbuté une femme au milieu de la rue sans même prendre le temps de s'arrêter sur elle.

Strangulé à coups de marteau, le cadavre gisait dans la rivière...

Prétendant exercer le métier de peintre, l'homme fut incapable de nous en dire plus et s'emmêla les pinceaux dans ses différentes explications.

Le flic tueur aux Assises de Paris : « J'ai pas fait exprès ! »

A l'occasion de la prise en chasse d'un bœuf qui s'était échappé du marché de La Villette, les gardiens de la paix avaient essayé de faire usage de leurs mitraillettes. Celles-ci s'étaient enrayées. Puis un gardien essaya de tuer l'animal avec son revolver : l'arme s'enraya aussi... S'agit-il du mauvais fonctionnement des armes ou du manque d'entraînement des gardiens ?

Imaginez que l'on se trouve en présence du cadavre d'une personne morte depuis 8 ou 10 jours : il n'y a pas nécessité d'appliquer la procédure de flagrant délit.

Violée dans un car de Police-secours...

Gardien de la paix depuis cinq ans, il a pris six mois de prison avec sursis devant le tribunal correctionnel : profitant du sommeil du chauffeur, il a dérobé un autoradio dans un véhicule en stationnement. Explication : sa petite amie venait de le quitter, il a un peu perdu les pédales. Révoqué.

Un flic lancé à ses trousses, sur le point de lui mettre la main au collet, a glissé sur une merde de chien.

Stupeur : la filature mène à un brigadier. Alors, la police des polices découvre un « commissariat-dépotoir » où L... volait les plaignantes et violait les jeunes détenues.

Leur commissariat n'avait plus de chef : les ripoux étaient livrés à eux-mêmes.

La chambre civile du tribunal de grande instance de Strabourg a jugé que le graffiti « je nick la police » qui figurait sur une photo publiée dans un journal de la ville de Strasbourg n'avait pas de caractère injurieux.

La police épinglée pour mauvais traitements : le Comité européen contre la torture dénonce l'état des cellules françaises.

Pour se venger de son supérieur hiérarchique, un inspecteur de police de Briançon (Hautes-Alpes) avait inscrit la femme de son commissaire sur deux serveurs télématiques érotiques donnant avec précision mensurations, fantasmes et numéro de téléphone.

CHAPITRE 2

Le Trésor public et les impôts

Les bureaux de Recette sont ouverts de 9 h à 12 h et de 14 h à 16 h, à l'exception des dimanches et jours fériés, du samedi après-midi et de l'après-midi du dernier jour ouvrable précédent le 26 de chacun des onze mois et du dernier jour ouvrable de décembre.

Nous accusons réception de votre courrier du 16 courant qui ne nous est pas encore parvenu…

Vous avez accepté l'an dernier la mensualisation annuelle de vos impôts…

La part que vous pourrez déduire est égale au montant inférieur de la déduction maximale autorisée si vous bénéficiez de l'ajustement correspondant au revenu maximal autorisé dans cette tranche.

Joindre les pièces nécessaires au règlement à savoir : TOUTES PIÈCES NÉCESSAIRES AU RÈGLEMENT.

Le total des sommes à déclarer s'élève donc à 135 000 F, et non à 135 000 F comme vous l'indiquez...

Que vous le contestiez ou non, l'erreur vient bien de votre part. Nous nous excusons donc pour cette erreur de nos services et vous prions de trouver ci-joint un chèque de 3 827, 56 F.

En aucun cas, le délai de réponse à vos réclamations ne peut excéder : 2 ANS.

Vous nous dites ne pas bénéficier de revenus suffisants pour vous acquitter du montant de cet impôt, ce dont j'ai pris bonne note. Merci de faire le nécessaire pour trouver des revenus suffisants.

Merci de bien vouloir patienter au guichet 3, le guichet 3 étant fermé.

Selon votre déclaration, le nombre de vos employeurs se monte à 1750. Nous pensons qu'il s'agit d'une erreur…

Merci de bien vouloir nous retourner ce dossier par retour du courrier avant deux mois.

L'augmentation de votre loyer étant supérieure au taux d'indexation prévue par la loi, il vous reste la solution de déménager...

Le montant du quatrième tiers est donc lui aussi déductible...

Les 10 % supplémentaires sont à ajouter en moins...

Une erreur informatique nous a fait créditer votre compte de 184 000 F au lieu de 18,40 F.

Votre demande de délai de paiement n'a pu être prise en considération, nos services n'ayant pas eu le temps de l'examiner dans les délais.

Votre déclaration est illisible, bien que tapée à la machine...

La colonne B est réservée aux utilisateurs de la colonne C...

A compter du 1er septembre, les guichets seront ouverts avant la fermeture.

Les timbres postaux ne pouvant remplacer le timbre fiscal exigé, nous vous retournons ci-joint le carnet de timbres à 2,50 F que vous nous avez adressé.

Compte tenu de ce long retard, la pénalité applicable se monte à : 0,15 F.

Le tiers provisionnel n'est pas une suggestion de payer mais un commandement…

Les enfants que vous n'avez pas eu ne peuvent être pris en compte.

Tout justificatif égaré sera considéré comme perdu.

Nous ne comprenons pas l'intérêt que vous avez à déclarer d'importants revenus que vous n'avez jamais perçus…

Ce total de 5 000 F étant à diviser par deux, le résultat est donc : 1 327, 60 F.

Votre réclamation étant totalement injustifiée, nous apporterons à l'étude de votre cas toute l'attention nécessaire.

Votre silence concernant vos biens immobiliers nous oblige à appliquer d'office une majoration de 20 % sur ces biens n'existant pas.

Sans précisions de votre part sous huitaine, nous serons contraints de rejeter définitivement votre réclamation afin de vous donner toute satisfaction.

La totalité de cette somme est exigible immédiatement en partie...

Les chiffres que vous utilisez ne sont pas les mêmes que les nôtres !

Veuillez prendre en compte l'augmentation de la réduction…

Relisez bien votre déclaration : 1 500 F + 4 500 F ne font pas 7 000 F, comme vous l'indiquez, mais plutôt 8 000 F.

Merci de nous préciser si la date de naissance de votre conjoint est bien la même que celle de son décès…

Monsieur,
inutile de nous relancer à nouveau pour réclamer l'arriéré que nous serions censés vous devoir.
La lettre que vous nous faites parvenir est la dix-septième en moins de deux mois et mes services n'ont pas pour vocation de passer leur temps à déchiffrer de la littérature contestataire…

La somme indiquée (2 566 F) devait être interprétée comme étant une somme de 2 566 F...

En cas d'accord de votre part, notre contrôleur constatera le désaccord...

Votre nom de famille doit obligatoirement commencer par les 2 chiffres du département.

Son allure était si étrange, a déclaré la victime, que je l'avais pris pour un agent des contributions.

Nous sommes obligés de vous répondre affirmativement par la négative.

Les arrêtés seront applicables à ceux qui voudront bien s'y soumettre...

Notre but n'est pas, comme vous l'écrivez, de vous « écraser comme une merde », mais uniquement de percevoir l'exact montant de vos impôts...

En remplissant cette nouvelle demande, merci d'être plus précis sur votre sexe exact.

Les frais d'inhumation d'un parent ne peuvent en aucun cas être considérés comme des œuvres charitables.

Au paragraphe b de l'article 11, merci de lire : « Joindre l'ensemble des factures » au lieu de : « Joindre la totalité des factures ».

En cas de désaccord, un accord devra être trouvé...

Vous prétendez exercer le métier de déménageur sans interruption depuis 20 ans tout en bénéficiant d'une pension d'invalidité à 100 %...

La location de scooters des mers (voir votre facture) ne rentre pas dans le rubrique « biens immobiliers ».

Votre signature (illisible) ne semble pas correspondre à votre nom (illisible lui aussi).

Personne n'ayant couvert votre femme pendant les cinq dernières anées, vos enfants ne peuvent apparaître...

Aucune erreur ne s'est glissée dans ce décompte, à l'exception du montant total qui n'est pas de 813 F mais de 227 560 F.

Vos deux enfants à charge ne rentrent pas dans l'assiette du père mais dans la vôtre.

Le contrôle aura lieu soit chez vous soit à votre domicile.

Les animaux domestiques ne sont pas des enfants à charge…

Votre dossier indiquant 57 enfants à charge, merci de rétablir la virgule…

Nous préciser si le sexe de votre conjoint est aussi de nationalité française.

Sauf erreur de notre part, une erreur s'est glissée dans notre courrier du 22 mars dernier…

Votre lettre étant illisible, nous avons cependant procédé aux modifications que vous nous réclamez dans ce courrier...

Votre lettre de réclamation a été transmise par erreur à notre service réclamation.

Pour une réponse plus rapide à vos courriers, contactez-nous par téléphone.

Au volet c, merci d'additionner la soustraction.

Vos trois enfants à charge étant indemnisés par les Assedic au titre de chômeurs longue durée...

Votre date de naissance n'est pas la même que celle de votre âge.

Les frais d'hôtel ne peuvent en aucun cas être considérés comme des frais d'hébergement.

Joindre impérativement la photocopie de votre conjoint.

Les éléments du train de vie servent bien à déterminer le train de vie...

Votre bonne foi ne peut faire preuve de facture détaillée...

Pour les chômeurs, joindre les bulletins de salaire...

...vous voudrez donc bien joindre au dossier la facture de votre décès.

Hier matin, Émile M... a reçu la visite d'un préposé des PTT qui lui a remis un mandat de... 1 centime, en provenance de la recette générale des Finances à Paris.

Votre profession n'étant pas référencée, merci de nous en trouver une autre.

Pour toute modification du sexe de votre véhicule, se reporter à l'article f.

Personnes hébergées gratuitement ou sans domicile fixe : indiquer l'adresse et le code postal.

Joindre obligatoirement copie de l'acte de naissance et du sexe.

La négligence commise par nos services ayant été reconnue, aucune suite ne peut être donnée à votre réclamation.

Le percepteur l'a en effet menacé de saisie et de prison pour avoir versé 155,83 francs d'impôts alors qu'il devait… 155,85 francs.

Votre femme n'étant plus réglée, ne plus en tenir compte…

Pour les femmes mariées, préciser le sexe du conjoint.

L'achat d'antiquités neuves bénéficie du même régime…

La surface totale de l'appartement (plus de 500 m²) le classe dans la catégorie « Studio-1 pièce ».

Les deux conjoints étant décédés d'un commun accord…

Un fourgon de transport de fonds de la Banque de France a semé des pièces de 5 francs, hier, dans une rue de Marseille.

Chaque année, Mme Suzanne L… reçoit de la trésorerie générale de la Seine-Maritime une lettre qui exige qu'elle aille chercher à la mairie une fiche individuelle d'état civil. Suzanne L… s'exécute et envoie la lettre avec un timbre à 2,30 F. L'enjeu ? Une pension de retraite de 2,29 F.

3 730 606 francs réglés au fisc en pièces de 1 franc... Trois camions de transports de fonds, dont un semi-remorque, ont acheminé la cargaison de 22 tonnes d'un contribuable.

CHAPITRE 3

Nos maires et nos élus locaux

Nous accusons réception du certificat d'urbanisme joint à votre dernier courrier. Néanmoins, pour accélérer la procédure, nous vous prions de nous adresser au plus vite le certificat d'urbanisme

Le pont étant coupé pour une durée de 10 jours, prière de l'emprunter pour traverser.

En raison des travaux en cours, la cérémonie aux monuments aux morts aura lieu dans la salle des fêtes.

L'homme a tenté de perturber à trois reprises la cérémonie en se moquant de l'érection du maire sur la place du village.

Exceptionnellement, le Nouvel An aura lieu cette année dès la fin décembre.

A l'ordre du jour ce jeudi : faut-il replacer l'urinoir par des WC ?

Le dossier que nos services ont transmis à la Préfecture du département nous a été retourné par la poste avec la mention « N'habite plus à l'adresse indiquée ».

Pour cause de fermeture, la mairie sera fermée pour travaux du 5 au 7 juillet.

Défense absolue de circuler et de stationner.

A l'aide de la tronçonneuse dont il disposait pour son métier, le vandale avait pillé plusieurs troncs de la commune durant les trois derniers mois.

Au foyer du troisième âge, le concours de scrabble est reporté à cause du mauvais temps.

A l'ordre du jour du conseil, le déplacement du monuments aux morts pour construire une salle des fêtes.

Interdiction d'enfoncer des pieux autour de l'église.

Pour les tribunes du stade, il faudra procéder au montage du démontage...

Au Club des Joueurs, gros succès pour les échecs.

Le débat du conseil portera sur le problème des recettes de la commune qui courent toujours après les dépenses.

L'eau courante est installée au cimetière depuis trois mois, à la grande satisfaction de ses habitants.

Notre équipe de football n'a pas perdu par défaite mais par manque de forme.

Le maire rappelle aux organisateurs de bal que les demandes d'autorisation doivent être déposées à la Mairie au moins 10 jours avant la date à laquelle elles sont formulées.

La personne qui a été vu en train de déterrer au monument aux morts est prié de les rapporter sans faire d'histoire.

La commune n'ayant pas prévu de budget pour le Noël des enfants, celui-ci sera remplacé par la galette des rois pour les personnes du troisième âge.

Il est interdit de ne rien déposer dans la benne.

Si on n'a plus le droit de tirer des feux d'artifice à Noël et de lancer des pétards, c'est pas la peine de donner des jours de congé pour les fêtes !

L'aménagement de la salle des fêtes devra permettre de l'aménager.

Défense de déposer des ordures même propres.

En raison des fêtes de Noël, la mairie sera fermée du 31 octobre au 12 novembre.

Mes taxes locales elles servent qu'à payer des feux d'artifice de Noël aux vieux qu'ont même plus assez de dents pour bouffer la dinde !

Les dégâts occasionnés par la dernière crue ont dépassé nos prévisions les plus optimistes...

Venez nombreux fêter Noël à la salle des fêtes où M. le maire partagera l'intimité des petits enfants de la commune.

Dans son allocution, M. le maire explosera son programme pour la commune.

Monsieur le maire étant absent le 25 décembre, c'est M. Lemaire qui présidera la crémonie.

Monsieur le maire demande avec vigueur aux personnes qui ont été vu en train de violer le sapin de Noël de bien vouloir rapporter sans délai l'objet du délit.

« Noël au balcon, Pâques aux tisons », dit bien le proverbe qui n'a menti qu'une seule fois en un an.

La liste des cadeaux pour les enfants est disponible au secrétariat de la mairie. M. le maire précise cependant qu'il n'y a plus un seul cadeau disponible.

La neige ayant bloqué la benne municipale, les ordures de Noël attendront celles du 1er janvier.

Après deux heures d'attente dans le froid, le maire a constaté que le Père Noël était en retard et a renvoyé les enfants attendre chez eux…

Les boules du maire ayant été dérobées dernièrement, le sapin ne sera pas décoré comme les autres années.

Début janvier, un retraité demande un extrait de naissance à sa mairie d'origine… Il reçoit un acte officiel lui apprenant qu'il est décédé le 18 septembre 1988. Sept ans auparavant, un document l'avait déjà déclaré mort le 14 juin 1965.

Monsieur Labsent honora de sa présence la traditionnelle remise de cadeaux…

Il est demandé à tous les candidats au poste de Père Noël de bien vouloir fournir la preuve qu'ils disposent du costume nécessaire à cette apparition.

Monsieur le maire jeta un froid en révélant que le congélateur de l'école était tombé en panne juste au moment des fêtes…

Les animateurs de la crèche vivante de Noël ont encore besoin d'un mouton adulte pour faire le bœuf…

Dans son discours du réveillon, le premier adjoint devait rappeler aussi le souvenir de nos morts à qui il souhaitait longue vie.

Le réveillon du Nouvel an tombant cette année un dimanche, le dimanche est reporté au mardi.

Il est rappelé aux parents de la commune que le Père Noël est une tradition indispensable à nos enfants et qu'il n'est pas bon de leur expliquer que c'est M. le maire qui se cache sous le costume rouge et la barbe blanche...

En raison du décès de M. le Maire, le discours ne sera pas prononcé par celui-ci.

En raison du mauvais temps, le traditionnel dîner de minuit aura lieu lors du goûter dansant de 16 h...

Au quatrième coup de minuit, toute la salle se leva pour se souhaiter une bonne année...

De tous temps, Noël fut la grande fête de la resurrection du Christ…

C'est dans une ambiance pourtant glaciale que se déroula la fête la plus chaleureuse que notre commune ait jamais connu.

La chasse sera fermée le jour de l'ouverture de la chasse…

Au menu du réveillon de la mairie, serpentins et cotillons. Bon appétit à tous !

Pendant les travaux, les travaux continuent.

En raison des travaux sur le stade, l'entrée de la morgue se fera par la salle des fêtes.

Tous nos vieux se sont retrouvés dans une joyeuse ambiance autour de M. le maire et de sa dinde.

Il est rappelé que l'urinoir public n'est à utiliser qu'en cas de besoins.

A l'apparition du cortège funèbre, tous se turent d'une seule voix...

Il faut bien avouer que le réveillon organisé par le comité des fêtes fut un demi-échec puisque seuls les organisateurs s'étaient déplacés.

La messe de minuit devra donc avoir lieu sans les cloches, M. le maire étant absent ce soir-là...

Que vous soyez pour ou contre, il faut voter oui !

Les travaux de réfection de l'église ont été confiés à M. Dieuleveut.

Tous les gâteaux pour le réveillon devront être déposés avant 17 h dans le hall de l'école par les mamans auxquels M. le maire et tout le conseil municipal mettront la main eux-mêmes.

L'interdiction d'autoriser sera levée fin juin…

La toiture du bâtiment ayant souffert, la pluie a été repoussée à fin mars.

Le comité d'accueil devait repousser par 9 voix contre 10 la candidature de M. Bienvenue.

Les nids-de-poule qui avaient endommagé la voirie ont été rebouchés par des trous.

Tous vos dons pour les vieux du troisième âge seront acceptés par M. le maire qui en a bien besoin !

Le stade était fermé pour cause de mauvais temps, c'est dans la salle des mariages qu'aura lieu le traditionnel match de football qui oppose chaque année nos deux villages entre les deux réveillons.

Nous sommes, rappelons-le, les fondateurs du syndicat d'initiative de Branles dont le but est de ramener la vitalité dans la commune.

Quand Louise C... s'est présentée à la mairie pour obtenir une fiche d'état civil, l'employé lui a affirmé froidement qu'elle était morte.

Le déambulage des animaux domestiques est réglementé par l'arrêté du 27 avril 1996 interdisant l'accès des débits de boissons aux mineurs.

« Demain il fera jour » : grand spectacle en nocturne…

Les permis de pêche seront disponibles dès mardi chez le garde-chasse.

Les administrés sont appelés à se prononcer pour ou contre cette décision irrévocable.

Grâce au club du troisième âge, nos anciens n'iront plus tous ensemble vers la solitude.

Le mensonge et la mauvaise foi, la violence et la malhonnêteté, le vol et l'abandon du sens civique, voilà les valeurs que doit défendre celui qui sollicite vos suffrages pour la mairie.

Les buts du stade ayant été volés, le match eut lieu en nocturne.

Le préfet dévora ensuite un à un tous les combattants de la dernière guerre...

La Foire aux porcs ouvrira ses portes samedi : amenez aussi votre famille !

Le concours de la plus belle vache du canton a été gagné par Mme Marbeuf, l'épouse de notre dévoué maire.

L'homme était universellement connu dans tout le village...

Après l'effondrement du pont, seule l'eau a survécu à ce dramatique accident.

Votre compteur indiquait une consommation de 128 m3, c'est pourquoi, après examen de votre dossier, nous avons pensé que votre consommation était de 128 m3.

Grand concours du meilleur boudin avec M. le maire et son épouse...

Le moteur du corbillard étant décédé, il fallut faire appel à celui d'une commune voisine.

La facture d'eau a bien été établie à votre nom, malheureusement nous ne connaissons pas celui-ci.

Le ramassage étant désormais effectué le jeudi, pensez à ne pas laisser sortir toutes les ordures de votre famille avant le mercredi soir.

Dimanche prochain, grande kermesse de bienfaisance. Mettez à notre disposition tous les objets qui sont devenus inutiles à la maison, mais qui peuvent encore faire le bonheur d'autrui. Amenez aussi vos maris.

Le discours malgré le crachin de M. le maire fut très applaudi.

En raison d'un deuil récent, les obsèques sont repoussés jusqu'à nouvel ordre.

Pour cause de travaux sur le réseau, certains habitants de la commune seront coupés à partir de 9 h ce matin.

Les jeunes gens établis dans la commune, mais n'y étant pas nés, doivent se présenter à la mairie. Les intéressés devront être porteurs de leurs parents.

Une Journée du sang aura lieu fin avril dans notre commune. Vous êtes invités à vous faire inscrire le plus tôt possible à la boucherie.

Il est rappelé que l'abreuvoir est interdit aux automobiles.

La personne du bâtiment n° 3 qui possède un chien et qui le laisse ouvert avec le volume à fond toute la nuit est priée d'y remédier.

Les habitants sont priés de ne pas profiter du cimetière pour jeter ce qu'ils n'utilisent plus.

Les individus ayant déposé des étrons dans le bénitier de l'église sont avertis qu'ils risquent des poursuites pénales pour entrave à la liberté du culte.

L'enterrement réunit une foule considérable dans l'émotion des vivants et des morts de la commune.

L'horloge du clocher de l'église ne sonnant plus les 4 coups de 20 heures, on est prié de ne pas en tenir compte.

Le projet de club nautique étant tombé à l'eau...

Dans le cortège funèbre, le préfet suivaient en silence les hommes et les femmes qui étaient derrière lui...

La fidélité de cette femme était connue et appréciée de tout le monde dans le village malgré ses nombreux amants recrutées dans les communes environnantes.

Sa femme ne lui ayant pas donné les plaisirs qu'il en attendait, l'homme se prit soudain d'affection pour toute la commune.

Le banquet était organisé en l'honneur de tous ceux qui ont faim dans le monde…

Le prix du mètre carré de gaz sera fixé par décret.

Parmi la nombreuse assistance, on remarqua surtout l'absence de la famille du défunt qui était là au grand complet.

33 saucisses à l'heure : c'est le record établi cette année, lors de la kermesse municipale, par la sympathique Mme MONTRETOUT.

Après avoir rendu hommages aux morts de la commune, le maire souhaita longue vie et prospérité à tous.

Notez quand même que le mètre cube d'eau coûte exactement le même prix qu'avant son augmentation...

En présence de l'absence de mon ami le ministre des Finances, je vous dois une explication...

La divagation des chiens dangereux est interdite comme celle de leurs maîtres...

Nous apprenons avec tristesse le décès de M. Legendre, premier adjoint au maire. Toutes nos félicitations à la famille.

La kermesse organisée au profit de l'établissement psychiatrique a eu un succès fou…

Même si la question ne se pose pas, vous n'y avez pas répondu…

Le conseil municipal se réunira à la mairie dimanche à 11 heures pour l'érection du maire et de ses adjoints.

En vue de l'amélioration de l'alimentation des personnes du troisième âge, la cantine scolaire va modifier ses menus.

A été célébré le mariage de M. Pierre Racine avec Mlle Mariette Carré…

A l'heure de l'expansion du tourisme, notre grande force est notre inexpérience.

Black, le chien recueilli par la commune de Villiers-sur-Marne, a été titularisé : il est gardien du service entretien et maintenance…

Chapitre 4

La Justice

Le prévenu a refusé de se rendre à la convocation du juge d'instruction prétextant que le dit juge n'avait pas plus d'instruction que lui et qu'en conséquence il n'irait pas.

Les conversations privées sont rigoureusement interdites dans l'enceinte du parloir.

La commission rogatoire s'est donc baladé de services en services avant de nous revenir au tribunal comme un boomerang...

L'homme a tenté de s'enfuir en sautant du deuxième étage par les escaliers...

L'homme a tenté d'étouffer cette affaire qui faisait grand bruit en achetant notre silence...

Les choses n'avaient pas pu se passer comme le prétendait le prévenu puisqu'elles s'étaient passées autrement...

Dès sa libération, le prisonnier avait été écroué sur le champ…

L'accusée voulait plaider la folie, ce qui était impossible puisqu'elle avait été relâchée de l'hôpital psychiatrique la veille du crime.

L'homme n'a pas pu se présenter devant le juge à cause d'une maladie dont il nous a envoyé la photocopie.

L'homme s'est présenté devant le tribunal sans cravate malgré le froid qui régnait ce jour-là…

L'homme est mort dans le but évident de retarder la procédure engagée contre lui.

De tous les condamnés, ce dernier était le moins susceptible d'être accusé.

Pierre C..., 21 ans, employé au Centre d'insémination artificielle de Rennes, condamné à 10.000 francs d'amende pour outrages publics à la pudeur.

L'homme décida enfin d'ouvrir un œil pour nous écouter...

Le plaignant devait finir par payer cher ses affirmations gratuites...

La femme prétendait ne parler qu'en espagnol mais répondait par oui et par non à nos questions.

Confronté à ses différents mensonges, l'homme fut bien obligé de reconnaître qu'il n'avait pas varié depuis sa première déclaration.

Après avoir été libéré des menottes dans le bureau du juge, le prévenu a tenté de sauter la greffière et son bureau afin de pouvoir s'enfuir.

Joignant le geste à la parole, l'homme n'a rien voulu révéler sans la présence d'un avocat.

André G… est condamné à 5 mois de prison ferme et 30 000 femmes d'amende.

Devant nous, l'homme a relu sa déposition d'une oreille attentive…

Lecture a été donnée de l'acte d'accusation au prisonnier, ce qui n'a pas perturbé son sommeil.

A force d'aller au fond des choses, le juge réussit à enculer l'accusé qui ne pouvait plus reculer.

Étant complètement sourd, l'homme n'avait rien pu voir...

Si l'accusé n'avait pas voulu tuer, il est évident qu'il s'en serait aperçu avant son meurtre.

L'homme tira plusieurs coups dans le corps de sa femme en prétendant qu'il ne l'avais pas mise enceinte.

La ficelle était trop grosse pour émouvoir le tribunal et celui-ci démêla vite le nœud de l'affaire.

Plutôt que de se laver de cette accusation, l'homme préféra nier toute accusation.

La femme avait travesti son sexe en utilisant celui d'un homme du même nom.

Réponse a été faite au prévenu que si la loi lui paraissait mauvaise il n'avait qu'à la changer.

L'accusé a donc été condamné à être immédiatement relâché faute de preuves...

Pendant l'interrogatoire, l'homme n'a pas cessé de rire à voix basse.

Son titre de séjour, malgré qu'il soit en règle, ne semblait pas être en règle...

La femme fut reconnue coupable d'aldultère pour être montée en bicyclette dans la voiture de son amant...

Caché sur un banc au fond du tribunal, l'homme se leva pour injurier la Cour sans un mot.

L'homme avait visé la tête de son voisin, lui brisant gravement le genou droit.

Le tribunal écrit à une morte : « Vous pouvez bénéficier de l'aide judiciaire. »

L'homme vivait au jour le jour, surtout la nuit...

Loin de nous l'idée de déclarer coupables ceux qui le sont pourtant malgré leurs protestations...

C'est en découvrant ce qu'il y avait écrit dans son testament que nous nous sommes aperçus qu'il n'avait plus toutes ses facultés avant sa mort.

A l'audience, il prétend toujours qu'il est normal, ce qui n'est pas le cas du substitut.

Son casier est vierge au même titre que sa femme...

L'accusé essaya de faire vibrer la corne sensible du tribunal...

Accompagnées de leur avocat, les deux femmes se levèrent comme un seul homme à l'énoncé de la sentence.

Une peine de trois ans de prison avec sursis dont cinq fermes fut prononcée par le tribunal.

Un jeune homme a été condamné mardi, à Épinal, dans les Vosges, à 2 000 francs d'amende pour avoir eu avec des poules des relations sexuelles ayant entraîné la mort des volailles.

Malgré les menottes, le prisonnier s'est enfui libre comme l'air.

La cour ne condamna pas trop lourdement l'accusé, celui-ci l'ayant déjà été par la médecine.

L'accès au tribunal est interdit aux animaux et à toute personne du même sexe.

Bien qu'aveugle, l'homme fit semblant de faire la sourde oreille...

L'individu n'accepta de parler qu'en présence de son avocat devant qui il resta bouche cousue.

L'homme a prétendu avoir le droit d'être dans une situation de non-droit...

L'audience d'hier a été consacrée à des délits sans importance : abandon de famille, blessures involontaires, escroqueries, infractions à la coordination des transports, défauts de visite sanitaire, outrages à agents, vols, racolage, etc.

L'accusé fut reconnu coupable et condamné à une peine à perpétuité de 10 ans.

Le jeune homme n'était en réalité qu'un délinquant primeur...

Pendant ses explications, le suspect n'avait cessé de se mordre la queue...

Quand il épousa sa première épouse, il en était déjà à son troisième mariage...

Le juge d'instruction lança immédiatement un mandat télégraphique…

Le sourd-muet a fait preuve dans cette affaire d'une jalousie aveugle.

Quand l'accusé prétendit que dans cette affaire « l'État était conduit un véritable escroc », le président du tribunal rétorqua que la réciproque était vraie.

Le juge ayant admis son erreur refusa de la reconnaître…

Poursuivi pour injures à l'agent, le prévenu, sourd-muet lui aussi, était mineur.

Le tribunal de grande instance d'Angers a refusé qu'une petite fille s'appelle Babar.

Le tribunal correctionnel a condamné Albert Saligo, cultivateur, à 6 mois de prison pour attentat aux bonnes mœurs.

Après lecture du rapport, l'aveugle prit la parole…

Le tribunal, après un court délibéré, est condamné à un mois de prison.

Décédé depuis deux ans, l'homme bénéficiait d'un repos bien mérité.

Deux des tués ont été arrêtés aussitôt après leur meurtre.

« Nous sommes en République ! », lance-t-il à un agent : deux mois de prison avec sursis.

Le prélèvement de sang n'a pas prouvé que le meurtre avait été commis de sang-froid.

La veuve d'un surveillant de prison a reçu ordre de reverser 3 francs qui représentaient un « trop perçu d'indemnité de résidence » touché par son mari, car ce dernier était mort le 29 du mois. Ce reversement totalisait 3,17 F dont il fallait déduire 7 centimes au titre de la CSG. Dans sa grande mansuétude, le directeur ordonnateur subdélégué (qui a dû prendre sur lui, chapeau !) a ramené cette somme à 3 F, mais en a dépensé 27 pour timbrer le recommandé comminatoire adressé à la veuve.

CHAPITRE 5

La Sécurité sociale et notre santé

La requérante qui bénéficie déjà de 3,6 enfants pourra désormais s'en prévaloir de 4,3.

Vous nous renvoyez pour la troisième fois des justificatifs que nous ne vous avons pas demandés, ce qui commence à nous faire croire que vous ne disposez pas des justificatifs que nous vous demandons.

L'homme était un malade mental, ce qui nous fut confirmé par la lecture de sa carte d'identité.

Étant décédé lui-même peu après, le mari n'a pas pu jouir très longtemps de sa femme...

Merci de bien vouloir joindre les pièces manquantes, à savoir : NÉANT.

L'homme est arrivé à l'hôpital souffrant d'une luxure à l'épaule...

Le remboursement à 100 % de vos frais n'a pu être effectué par notre caisse car ces dépenses étant plafonnées à 75 %, nous n'avons donc qu'à vous verser la différence, soit 45 %.

Vous serait-il possible de nous faire savoir à quelle date vous êtes sorti de votre caisse ?

Le médecin n'étant pas joint à l'ordonnance, nous ne pouvons procéder à son remboursement.

La caisse se réserve le droit de décider quelles maladies sont bonnes pour le malade...

Contusions légères sur les jambes et la poitrine, plaies au coude droit et à la tête gauche…

Monsieur,
Réception sauf services, nous regret savoir pourquoi demande deux reprises service générale, voir avec que sinon retourner soins exemplaires médecin de prise en charge quand certains que vous reçus de hospitalisation ne pouvant, cette attente prions sentiments distingués.

Pour vos yeux, nous verrons plus tard…

L'aménagement des chambres froides bénéficiera à toutes les nouvelles mamans…

A l'exception de la tête, des deux jambes et du bras gauche, le corps a pu être entièrement reconstitué pour l'autopsie.

Sans réponse de votre part par retour du courrier, nous serons dans l'obligation de considérer que nous n'avons pas reçu de réponse de votre part.

La femme, d'une maigreur squelettique, a engraissé en prison — très exactement de 23 kilos. La situation était telle qu'une explosion était inévitable.

Merci de voir avec votre médecin traitant pour qu'il choisisse une seule des maladies dans la liste de celles que vous avez...

Les enfants nés de parents avariés ne peuvent être allaités que par leur mère.

Merci de bien vouloir nous retourner les deux exemplaires des documents que nous avons déjà dans votre dossier.

L'hôpital ayant omis de nous signaler votre hospitalisation, vous n'avez donc pas pu être hospitalisée.

La caisse étant fermée le samedi, merci de bien vouloir attendre le lundi 9 h pour les maladies.

Son décès est vraisemblablement dû à une erreur de sa part.

La femme n'était vêtue que de sa seule grossesse...

Les deux enfants, maintenant âgés respectivement de 35 et 38 ans, confirmèrent d'ailleurs que leur mère avait toujours été vierge...

Son bras gauche a été hospitalisé juste après l'accident.

Le trop-perçu de 227 Frs que vous nous réclamez semble avoir été débité de votre compte à la suite d'une erreur informatique dont nous vous prions de bien vouloir nous excuser. Votre compte sera donc à nouveau débité le mois prochain de la somme de 227 Frs.

Le malade était titulaire de nombreuses cicatrices...

Vous nous reprochez de ne pas rembourser les montures de lunettes ce qu'elles coûtent, mais ce n'est pas moi qui fait la loi ni d'ailleurs la caisse donc nous n'y pouvons rien et rien ne vous empêche de choisir des modèles agrégés dans notre caisse donc moins cher et remboursables.

L'auto des policiers ne put qu'emmener sa fille Incarnation à l'hôpital de la Conception.

Son gros orteil droit semblait complètement gelé, mais moins violet ce soir après les premiers traitements, cependant il n'a toujours pas retrouvé sa lucidité.

La chute de l'ouvrier a heureusement été amortie par une palette de parpaings qui se trouvait sur le chantier.

Le sexagénaire partageait sa respiration avec sa fille…

L'expression « mort apparente », généralement employée par les internes, semble en effet pouvoir prêter à critique et il conviendrait d'y substituer la formule : « Le décès paraît constant ».

Nous vous rappelons que vous nous signalez dans votre dernière lettre un accident que vous avez déjà eu l'année dernière à deux reprises, ce qui fait beaucoup pour un seul homme…

Ce remboursement n'est pas un dû puisque nous vous le devons de toutes façons...

Vos verres s'étant cassés sous un choc indépendant de votre volonté mais volontaire quand même de votre part, il n'y a pas lieu à remboursement.

L'homme n'étant pas vraiment malade, son admission nous a paru inadmissible.

Une amputation du bras gauche l'avait rendu impuissant.

Sa vie lui fut à moitié arrachée par le choc...

Pour sortir des locaux, merci d'emprunter la sortie marquée « Toilettes femmes ».

Les soins sont remboursés sur la base de 0 %.

Les frais en plus seront désormais à compter en moins.

Il s'était suicidé juste avant de commettre son meurtre.

En cas de délai supérieur à 8 jours, un délai de 8 jours sera accordé aux allocataires ayant soumis leur dossier dans les 8 jours.

Pour obtenir les formulaires, merci de bien vouloir remplir le formulaire nécessaire.

Tous les enfants nés avant le 31 décembre seront dorénavant comptabilisés comme nés après le 1er janvier.

Merci d'emprunter la queue des hommes pour patienter…

Nos bureaux resteront exceptionnellement ouverts jusqu'à l'heure de fermeture…

Votre dossier ne nous est pas parvenu car nous avons dû l'égarer par erreur…

La caisse a le regret de vous informer qu'à la suite d'une panne informatique tous les dossiers remis avant le 15 mars devront être déposés avant le 15 avril...

Pour cause de fêtes, nos guichets ne seront ouverts le lundi 25 décembre que de 9 h à 8 h 30 du matin.

A cause des fêtes, nos services seront fermés du 1er janvier au 31 décembre.

L'amant de la femme était aussi son mari et le père de ses cinq enfants...

Toutes les consultations sont réservés aux personnes venant consulter...

Il est rappelé qu'au-delà de 25 ans, les malades n'ont plus accès à la consultation des nourrissons.

Tout retard entraîne automatiquement la suppression du rendez-vous, même avec une excuse sérieuse, sauf si celle-ci est valable.

Après être mort d'une cirrhose, l'homme décida d'arrêter de boire.

En cas de décès, préciser si le défunt était vivant au moment du décès…

Le service des urgences ne pouvant accueillir que les cas graves, merci de s'adresser au service maternité en cas de décès.

Arrivé dans l'établissement à l'état de squelette, la victime devait en ressortir huit jours plus tard sans ses béquilles.

Pour le traitement informatique des formulaires, votre sexe ne doit pas sortir de la colonne.

La victime eut la chance de ne pas mourir avant d'arriver à l'hôpital où elle devait succomber à ses blessures.

La personne, ayant souffert de traumatisme crânien, n'avait plus toute sa tête...

Mortellement blessé, l'homme reçut les soins qui s'imposait...

Il s'agit dans le cas présent d'une maison de retraite pour vieillards en bas âge.

Votre compte est donc créditeur d'un montant débiteur de 927 francs.

Sans dire un mot, le malade fit le bilan complet de son état de santé à ce jour.

Le corps fut transféré de toute urgence à la morgue où il devait décéder malgré les soins.

50 ans après la guerre où il avait perdu les deux jambes, l'homme dut être amputé de celle qui lui restait.

Le malade est décédé sous l'action efficace des médicaments…

Le médecin-légiste n'a pu, malgré tout, conclure formellement à une mort naturelle, ne serait-ce qu'en l'absence de la tête.

Mortellement mort, l'homme devait décéder peu après son arrivée.

Malgré la bonne conservation du squelette lui-même, l'homme était mort.

On ignore l'identité et le sexe de la victime, d'ailleurs de petite taille…

Le cadavre dans lequel gisait le corps…

Le corps étant dans un état de décomposition avancé, la décision fut prise de constater la mort.

En pleine intervention, deux médecins s'empoignent et se battent devant leur patiente...

L'homme s'était tranché les jambes à l'aide d'un petit canif...

L'attribut masculin n'a pu être greffé sur le corps, celui-ci ne s'étant pas présenté à temps.

Le médecin n'ayant pu se présenter assez rapidement sur les lieux avant le décès, l'accidenté ne put que lui confirmer sa mort.

L'obésité n'est pas considérée comme un traitement lourd...

L'hôpital d'Orléans laisse mourir des malades "sans intérêt". Ils étaient "vieux et mal portant", avoue un chirurgien.

La macabre découverte fut transportée à l'Institut Médico-légal afin d'être examinée. Il s'agit du côté droit, dos, poitrine et bras droit d'un corps de femme, faisant vraisemblablement partie des deux jambes trouvées lundi.

Le médecin de la Sécurité sociale : « Vous souffrez des vertèbres ? Prenez un café... »

Deux des pensionnaires de l'institut « La Porte ouverte » se sont donc enfuis de l'établissement pendant la nuit.

Merci de remettre les clés de la réserve de médicaments à Mme LESCLÉS.

La femme perdit donc provisoirement la vie…

L'enfant, âgé de six ans, après avoir été examiné, a pu regagner le domicile conjugal…

Ayant reçu une tôle dans la tête, il s'était fracturé le pied.

Les testicules étant atteintes, une amputation des deux premières phalanges dut être envisagée.

L'avortement provoqué par les explosifs n'a pas eu de conséquences majeures…

Le patient a alors tenté de mettre fin à ses jours en prenant le métro.

La feuille de soins est à épingler sur le malade...

Une ablation des testicules a été effectuée par erreur, le 13 octobre, au département d'urologie de l'hôpital général de Vienne. ... Au moment de l'intervention, le malheureux portait, comme tous les patients, un bracelet avec l'inscription de son nom mais celui-ci était identique à celui d'un autre patient...

Le médecin goujat de la Sécurité sociale : « Pour quoi faire une cure, Madame ? Vous êtes complètement pourrie... »

La tumeur fut considérée comme sans gravité malgré le décès du patient...

C'est le record absolu de la stupidité administrative : un chèque de 0,01 centime envoyé par la Caisse primaire d'assurance maladie de la région parisienne à un habitant de Villemonble.

Chapitre 6

Les douaniers

La barrette de haschisch était caché dans une seringue dont l'homme prétendit ne pas faire l'usage…

La forme de sa valise nous a semblé bizarre car il s'agissait d'un sac à dos...

Ses papiers, même s'ils étaient faux, étaient parfaitement en règle…

L'inventaire des bagages laissa apparaître néant.

De tous les suspects qui étaient descendus de l'avion, cet homme était le plus suspect car il avait un accent africain comme sa peau…

L'homme a essayé de nous faire croire qu'il ne parlait pas le français alors qu'il parlait parfaitement l'algérien.

Vers 17 heures, l'homme s'est présenté sous douane avec sa valise vide comme sa femme aussi.

Faute de suspect, nous avons été obligés de relâcher les preuves…

Malgré une fouille minutieuse, nous n'avons trouvé sur l'homme que son corps.

Le bagage attendait avec un air louche…

L'homme arrivait d'Istambul avec un grand sac de drogués de son pays…

Quand nous lui avons demandé de s'expliquer, l'homme a souri comme un coupable.

L'ours en peluche suspect a bien été éventré par nos soins, d'où nous avons conclu qu'il ne contenait que du rembourrage légal.

Avons donc contrôlé tout le groupe de trois personnes dont six au moins n'étaient pas en règle.

Au contrôle, l'homme présenta un passeport si maculé que nous n'avons pu déterminer son sexe.

Le sac que portait la femme ayant aboyé à plusieurs reprises, nous en avons conclu qu'il ne contenait pas que des vêtements comme elle le prétendait...

Les documents douaniers étant parfaitement en règle, nous avons procédé à leur vérification...

La femme était accompagné de deux enfants de nationalité noire...

Les deux suspects étaient de nationalité inconnue malgré leurs passeports de Côte-d'Ivoire.

Le transport des animaux étant interdit en cabine, le chien avait été déguisé en petite fille...

Ayant eu un malaise, l'homme n'a pas pu jouir d'un interrogatoire.

Sans compréhension de notre part, nous avons été obligés de renoncer à comprendre…

Dans sa trousse de toilette, l'homme n'avait pas mis que les affaires qu'on y trouve habituellement puisque nos services y ont découvert aussi les objets suivants : 1 brosse à dent, un tube de dentifrice de marque Colgate, un peigne en écaille, 1 rasoir électrique de marque Braun, 1 tube de comprimés d'Aspirine, 5 lingots d'or poinçonnés d'un kilo chacun, un service d'argenterie état neuf de 98 pièces, 6 grands plats en argent, 25 liasses de 20 billets de 500 francs français état neuf, 15 liasses de billets de 200 francs français état neuf et 10 liasses de billets de 100 francs français état neuf.

L'homme nous a même aidé à se fouiller lui-même…

Quand nous avons compris que le bagage étaient rempli de vide, nous l'avons restitué immédiatement à son propriétaire.

Les jambes artificielles étant des planques bien connues de nos équipes, nous avons donc fait démonter le bras de cette femme…

L'homme a refusé de s'acquitter de la taxe douanière sous le prétexte fallacieux qu'il était noir…

Étant déjà accompagné de neuf femmes officiellement enregistrées, l'homme voulait nous persuader qu'il avait légalement le droit d'en avoir une dixième sans papiers...

Plus le suspect cherchait à nous donner des explications sur la présence de cannabis dans sa valise, plus nous avons compris qu'il ne parlait pas la même langue que nous.

Selon ses dires, l'homme prétendait franchir la douane avec seulement son honnêteté et ses bagages...

Les deux hommes soupçonnés étaient au nombre de cinq...

Dès le départ de l'avion, le suspect s'est envolé...

Le ressortissant nous a présenté un passeport visiblement fait de ses dix doigts...

La valise était sans poignée et le passager non plus…

Le corps du délit était invisible comme l'homme lui-même…

L'homme n'ayant pas d'argent sur lui, nous l'avons sommé de nous régler immédiatement la totalité des sommes dues au titre des taxes diverses.

L'homme avait le tort de ne pas être de nationalité française…

Ses explications ne nous paraissant pas très claires, nous avons sommé l'homme de parler français sous peine d'amende.

Après avoir mangé son permis de séjour sous nos yeux, le dénommé X… se mit aussitôt à manger son passeport.

L'homme continua de nier pendant trois heures que sa femme lui servait de valise.

Passé aux rayons par une de nos inspectrices, la femme continuait à biper malgré sa nudité totale.

Les trois Africains soupçonnés ont vite été blanchis...

L'équipe de manutention de l'aéroport nous signala à 21 h 15 qu'un des colis débarqué du vol Paris-Rome émettait un bruit semblable à celui d'un réveil mécanique. Vérification faite, il s'agissait en fait de plusieurs réveils mécaniques.

Le montant des doses saisies était sans grande valeur et devait approcher les 5 millions de francs.

Le corps du délit était caché dans l'anus de l'homme...

L'homme avait cru bon de cacher ses vêtements dans sa propre valise...

Plus l'homme cherchait à nous donner des explications sur son geste, plus nous avons compris qu'il ne parlait pas la même langue que nous.

Les choses n'ont pas pu se passer comme le prétend le ressortissant algérien puisqu'elles se sont passées autrement...

Déguisé en femme, l'homme prétendait être enceinte d'un coussin rempli de cannabis marocain.

Comme nous lui expliquions que les substances inflammables étaient interdites en cabine, l'homme s'enflamma soudain...

L'homme avait caché les montres dans un réveil...

Le ressortissant transportait sur lui deux tonnes de chanvre indien.

La taxe afférant aux produits transportés sélevant à la somme de : 0, 00 francs, nos services ont proposé une réduction globale de 25 % par kilo.

L'homme est mort avant de passer les contrôles douaniers, vraisemblablement pour n'avoir pas à nous présenter ses papiers.

Quand nous avons palpé le paquet de l'homme, celui-ci s'est mis à pleurer...

Le bagage était vide comme s'il n'y avait rien dedans...

Malgré que l'homme n'a pas voulu répondre à nos questions, il avait un fort accent étranger.

L'homme était un Nord-Africain du sud...

Chapitre 7

Les enseignants et l'Éducation nationale

Tous les enfants qui ne seraient pas présents lors de l'appel seront déclarés absents.

Devant la recrudescence des dégâts occasionnés au matériel scolaire, la direction a décidé de donner le nom de Michel Jazy au nouveau stade qui doit être inauguré prochainement.

La neige n'étant pas au rendez-vous cette année, c'est notre institutrice qui la remplaca de son mieux...

Il est impérativement rappelé que l'escalier A est réservé aux utillisateurs de l'escalier B.

N'hésitez pas à vous montrer généreux lors de la quête effectuée par les enfants des écoles au profit de nos vieux dont la jeunesse s'est enfuie le 24 décembre à 20 h précises.

La disparition tragique et soudaine de M. le proviseur a contraint les responsables de l'établissement à annuler in extremis le pot organisé pour fêter son départ.

Tous les parents d'élèves sont appelés à se prononcer, la question n'étant pas à l'ordre du jour…

Les listes définitives seront donc établies dès la publication de listes définitives…

Aucune sortie de l'établissement ne peut avoir lieu avant la sortie.

Il est rappelé aux élèves que la salle de réunion ne doit pas donner lieu à leurs réunions.

Les cours d'anglais auront lieu désormais en allemand...

En cas de renvoi, l'élève sera renvoyé...

De 14 h à 17 h, cours de couture et d'arts ménagers réservés aux sportifs.

Les porte-manteaux ayant été dégradés physiquement, les élèves sont appelés à ne plus en porter...

Les cours du matin auront donc lieu en salle F de 16 h à 18 h.

Les noms des élèves commencant par A, B,C, D, E et F seront donc classés de A à Z.

Merci de penser à vous inscrire pour les cours d'arts martiaux auprès du professeur de chant.

Afin de mieux faire connaissance, toutes les candidates seront étendues par M. le Directeur avant de passer l'examen.

Tout manquement au règlement du lycée sera passible de graves mesures disciplinaires décidées par le conseil des professeurs dans la mesure où celui-ci aura naturellement eu connaissance des faits reprochés à l'élève...

Si chaque élève ne se sent pas responsable du matériel mis à sa disposition, l'établissement refusera désormais l'entrée du lycée à tous les élèves soupçonnés de fréquenter le collège.

Notez bien les nouveaux horaires :
Ouverture des portes : 8 h.
Fermeture des portes : 8 h.
Aucune excuse pour retard ne sera plus acceptée.

En conséquence, le montant des objets de grande valeur volés par votre fils s'élève à environ 30 francs...

La cantine est désormais réservée aux élèves déjeunant à la cantine.

Nous avons surtout noté que votre fils nous prenait pour des imbéciles en prétendait faire passer pour une calculette ce qui était en réalité un téléphone portable dont il se servait pendant les cours...

Les parents d'élèves devront obligatoirement faire établir auprès du médecin traitant un certificat prouvant leur que leur enfant. Merci de ne pas oublier ce document indispensable pour toute inscription.

Madame,
vous semblez confondre l'école avec une œuvre de bienfaisance : le rôle des enseignants n'est pas d'AIDER votre fils à faire ses devoirs, mais de lui DONNER des devoirs pour pouvoir les corriger ensuite.

Les cahiers devront être remis à M. BROUILLON.

Si votre fils ne vient en classe que pour se fiche de la tête des autres, autant qu'il le fasse chez vous !

Ayant été bousculé dans l'escalier par un élève indélicat, Mme V..., professeur d'anglais, est indisposée depuis...

Aucun animal n'étant toléré dans l'établissement, merci de faire comprendre à Mathieu qu'un lapin n'a pas sa place en cours de français, même s'il est en cage...

Monsieur le proviseur rappelle qu'il est interdit aux élèves d'apporter de la nourriture dans l'enceinte de l'établissement et de faire le commerce de denrées périssables ou de boissons alcoolisées dans les salles de classe.

Voilà deux semaines que Delphine passe d'excellentes nuits pendant mes cours...

En cas d'absence pour raisons de santé, veuillez remettre les certificats médicaux avant le début de la maladie.

Un couteau à cran d'arrêt ayant été découvert dans un des vestiaires, il est rappelé qu'il est rigoureusement interdit d'introduire des armes à feu dans l'enceinte de l'établissement.

Ce n'est pas parce que l'école est publique que votre fille doit l'être aussi…

Les vestiaires réservés aux filles sont interdits à tous les garçons, sauf aux professeurs.

Les horaires de sortie pour les Terminales sont dorénavant réglementés, chaque élève ne pouvant quitter l'établissement que s'il y est entré.

Les frais de cantine n'ayant pas été réglés en temps et en heure, nous ne pouvons donc plus accepter Philippe sur le terrain de sport sans la tenue adéquate.

Professeur depuis près de vingt ans dans ce collège, mais n'ayant jamais été ministre de l'Éducation nationale, je ne puis donc être tenu pour responsable si, comme vous le dites, 2 et 2 ne font plus quatre !

Vous prétendez que votre fille n'a pas digéré le repas d'hier pris à la cantine... Je me permets donc de vous signaler qu'hier était un dimanche et que votre fille a donc vraisemblablement dû déjeuner chez vous...

Loïc m'a affirmé n'avoir pu rendre tous ses devoirs car vous l'auriez « obligé » à regarder la télévision jusqu'à 2 heures du matin...

Personne dans cet établissement n'a jamais levé la main sur votre enfant, le règlement interdisant malheureusement de telles pratiques...

Vous voudrez donc bien vérifier sur les mots d'excuses écrits de la main de votre fils si ceux-ci sont bien de votre main...

Le comportement inadmissible de votre fils nous oblige donc à envisager son exclusion immédiate au terme de l'année scolaire dans deux mois.

L'entrée du lycée est rigoureusement interdite aux étrangers.

La discipline de l'établissement s'applique à tous et surtout à ceux qui en ont besoin.

Nous ne pourrons plus tolérer que votre fils continue à traiter ses différents professeurs avec le respect qu'il ne leur doit pas !

Nous ne pouvons considérer comme du « harcèlement sexuel » le fait qu'un professeur d'éducation physique oblige votre fille à faire ce que vous appelez des « galipettes »...

Le bizutage étant interdit par la loi, merci de le pratiquer hors de l'établissement.

Les branches des arbres de la cour de récréation ayant été élaguées à la demande des parents d'élèves, nos jeunes filles sont désormais inondées.

Les chaises de métal en plastique seront donc remplacées dès le mois prochain…

Il est fermement rappelé que le contrôle continu continue.

La loge du gardien ne doit pas faire office de WC…

Les élèves de plus de 18 ans ne sont pas considérés comme majeurs.

La dernière élève ayant eu le ballon est priée de s'adresser à son professeur.

Toutes pièces justificatives sont à déposer pour accord au secrétariat de M. REFUS.

De 17 h à 18 h, cours d'initiation à l'informatique de 11 h à midi.

Les cahiers et livres scolaires oubliés dans les salles de cours seront considérés comme des déchets par le personnel de nettoyage.

A deux reprises, des vols ont eu lieu dans la salle des professeurs que l'on n'a jamais retrouvés…

M'ayant déjà menti à plusieurs reprises concernant ses absences, Philippe a prétendu que vous vous étiez cassé les deux bras et qu'en conséquence il vous était impossible de me rédiger des mots d'excuses...

Les examens se dérouleront comme prévu à une date encore indéterminée.

Le port de la blouse n'est pas obligatoire quand il est autorisé...

Le médecin scolaire ayant diagnostiqué une déficience visuelle, votre fils a pourtant continué à porter ses lunettes...

Madame LANCIEN, qui part en retraite, sera bientôt remplacée par Monsieur NOUVEAU.

La visite médicale pour les filles aura lieu ce matin à 22 h 30.

Son plâtre ne lui ayant pas encore été retiré, vous prétendez que Christophe est en droit de refuser toute interrogation écrite. Je vous rappelle à toutes fins utiles que votre fils s'est fracturé la jambe droite, et non pas le bras droit, ce qui n'aurait d'ailleurs aucune importance car il est gaucher.

Une tenue décente est obligatoire même si elle n'est pas recommandée.

La réunion du Conseil de classe prévue ce matin est reportée à lundi prochain, 21 mars, à 9 h. La date et l'heure de cette réunion n'ont pas encore été fixées.

Des tricheries ayant été constatées lors des contrôles de fin de trimestre, la porte de la cantine sera maintenant fermée durant ces examens.

Le ciné-club ayant souffert des conséquences de cet incendie, la projection du film « Paris brûle-t-il ? » est reportée d'une semaine.

Le collège fermant ses portes à 18 h 30, il n'est pas normal que Tristan prétende être resté en cours jusqu'à plus de 22 h…

En cas d'absence du surveillant, s'adresser au surveillant.

Les auteurs de graffitis obscènes devront s'expliquer sur la nature de leurs gestes…

L'établissement fermant ses portes à 19 h précises, merci de quitter les locaux dès 20 h.

Pendant le cours de M. Langlois, il est interdit de se pénétrer.

Des élèves ayant endommagé les véhicules de certains professeurs, M. Lenôtre est crevé en rentrant chez lui…

Les filles ayant été inondées par certains garçons de Seconde sont priées de venir témoigner.

Il est interdit de prendre des photos pendant les cours.

Le remplacement du professeur malade sera assuré par M. BONNEMINE.

Soit les élèves sortent à 16 h précises avec autorisation, soit ils doivent attendre la sortie de 16 h s'ils n'ont pas d'autorisation.

En cas d'incendie, ne pas paniquer et écrire au proviseur qui prendra les mesures nécessaires.

Le terrain de sport étant impraticable, merci de ne pas utiliser les toilettes.

L'élève ayant dérobé la gardienne est prié de la rendre...

L'histoire de notre lycée est malheureusement vallonné de tels incidents...

Les élèves n'ayant pas remis leurs copies dans les délais prévus seront considérés comme ayant remis leurs copies hors délai.

Le personnel chargé du nettoyage étant en grève, les cours de philosophie sont supprimés.

La politique étant interdite dans l'établissement, les élèves ne sont pas autorisés à y introduire des revues pornographiques.

La sonnerie indiquant la fin des cours étant cassée, merci de ne pas en tenir compte.

L'escalier A est réservé aux filles, l'escalier B aux garçons, l'escalier C à tous les autres.

Les élèves de Terminale surpris en classe de maternelle n'avaient a priori rien à y faire...

Les inscriptions se feront de 9 h à 12 h sauf tous les jours de la semaine.

Certains élèves s'étant laissé aller à applaudir à la fin de certains cours, il est rappelé que cette pratique n'a pas lieu d'être.

Les élèves de sexe masculin sont invités à ne pas en changer avant la fin de l'année.

Les élèves sont priés de ne pas boucher les W.C. avec des excréments.

Si nous fermons des établissements, c'est pour mieux les ouvrir…

Sur les 125 candidats reçus au baccalauréat, 49 ont été recalés.

Pour améliorer les conditions d'hébergement de l'internat, le docteur bénéficie maintenant d'un chauffage à l'électricité.

L'échec à cet examen crée donc les conditions de la réussite…

Le bulletin d'informations destiné aux professeurs est réservé aux seuls élèves.

Les menus de cette semaine dans les centres aérés et garderies d'enfants. Mercredi, goûter : jus d'organes, tartines, confiture.

CHAPITRE 8

La gendarmerie

L'homme nous présenta des pièces d'identité qu'il s'empressa de mettre en pièces détachées sous nos yeux.

Ses explications étaient si embrouillées que nous avons dû le relâcher faute d'avoir la preuve que nous pouvions comprendre ses explications...

Nous avons donc constaté que la victime était décédée d'un accident mortel.

Les deux voleurs avaient un complice qui était sûrement un troisième larron.

L'homme a été arrêté sur le marché pour flagrant délit de délits.

Nous avons donc pu constater qu'il n'y avait rien à constater.

Toute la brigade ne fut pas assez nombreuse pour être assez.

L'homme a menacé l'adjudant que si on le prenait sur ce ton, lui aussi le prendrait sur ce ton.

A notre arrivée, la voiture avait déjà succombé à ses blessures.

C'est la pluie qui empêcha le brigadier de s'apercevoir qu'il s'était mis à neiger.

L'homme accepta volontiers de nous suivre contre son gré...

Le mort eut alors un sursaut qui nous fit douter de son identité...

L'homme avait pris ses parties dans ses mains et les secouait à toute volée devant la vitrine de la boutique de lingerie de la plaignante sous le regard amusé d'une dizaine de badauds.

Depuis trois ans, l'homme vivait caché au vu et au su de toute la population.

Quand le contrevenant a crié « Espèce de gros con ! » dans son dos, le brigadier de service a aussitôt cru se reconnaître et a verbalisé.

Aucune preuve n'a pu être relevée sur le lieu du crime à l'exception du fusil de chasse à canon double avec lequel le meurtre a été commis.

Le prisonnier s'est donc enfui avec le radiateur auquel il avait été menotté.

Le père nous avoua ne pas connaître la mère de ses enfants...

Le suspect s'est alors décidé à passer des aveux complets pour nous prouver qu'il n'était pour rien dans cette affaire.

L'homme, qui était aussi sourd que son épouse, ne semblait pas s'entendre très bien avec elle.

Après enquête, j'ai déposé mes conclusions à mon unanimité…

Le cadavre avait été vu traversant le village à bicyclette le jour du décès…

L'homme rentrait tranquillement chez lui sans s'apercevoir qu'il était mort…

Nous avons saisi le suspect que nous avons emmené pour interrogatoire sous ses acclamations.

Surpris en train d'uriner sur la portière d'une voiture en stationnement, quand il nous a aperçus l'individu a tenté maladroitement de cacher son sexe avec sa main droite, ce qui s'est malheureusement révélé impossible pour lui vu la taille du dit sexe qui nous est apparu nettement plus importante que la taille de la main dont il se servait pour le dissimuler devant nous. Ayant constaté le délit, nous avons aussitôt verbalisé.

L'homme niant toute culpabilité, nous l'avons arrêté…

Les vagabondages sur la voie publique n'ayant pas cessé après nos avertissements, nous avons été contraint de nous saisir de toutes les poules avec qui l'homme vivait…

Depuis plusieurs mois, l'homme terrorisait sa famille avec une matraque qui n'avait rien d'humain…

Il s'agissait d'un gitan sans gîte connu dans la région…

Il est avéré par différents témoignages de voisins que la femme vivait en concubinage notoire avec sa promiscuité.

Nous avons interrogé le suspect qui a refusé de décliner son identité au motif que nous le rencontrons tous les jours au café du village et qu'il préférait donc garder l'anonymat.

Tout le monde savait dans la région que le susnommé était depuis longtemps le mouton noir de tous les agriculteurs.

Avons constaté que le chien se livrait en place publique à des comportements intimes et avons intimé l'ordre à sa maîtresse de maîtriser sa situation.

L'homme nous déclara qu'il avait effectivement frappé son adversaire avec la manivelle mais en faisant bien attention à ne pas lui faire mal.

L'homme répondit verbalement qu'il ne répondrait que par écrit...

L'amende en bonne et due forme avait été glissée sous le pare-brise du vélo pour preuve de l'infraction.

Assis dans sa voiture, l'homme faisait mine d'attendre l'autobus…

Le gendarme B… nous quitte pour rejoindre le poste que ses chefs lui ont assigné. Lubersac gardera un souvenir impérissable de son activité et de sa vigueur musculaire toujours mise au service d'un flair flamboyant.

L'homme était un octogénaire dans la force de l'âge…

La voiture a grillé le stop en hurlant des pneus devant nous…

L'homme avait essayé de cacher l'arme dans ses bottes, malheureusement pour lui il s'agissait d'un fusil dont la longueur dépassait.

Le véhicule n'ayant pu être entendu, nous avons procédé aux vérifications d'usage.

Il est extrêmement pénible pour un militaire de la gendarmerie de rencontrer quelques jours après qu'il l'ait arrêté à la suite d'une longue enquête (pour la réussite de laquelle il n'a ménagé ni son temps ni sa peine) un mauvais garçon narquois que les juges ont libéré avec, semble-t-il, une certaine mansuétude.

L'homme était ivre mort puisque c'était dimanche…

L'homme a insisté pour nous présenter son préjudice qui ne mesurait en fait pas plus de dix centimètres…

Malgré les fêtes de Noël qui se déroulaient dedans, l'homme avait eu l'audace d'uriner sur le mur de l'église.

Ayant garé sa bicyclette le long du mur de la gendarmerie, le dénommé X… a décidé comme d'habitude de venir vomir son alcool dans le local de garde.

Malgré qu'il lui manque un bras, tout le monde sait bien qu'il n'est pas manchot…

L'homme dont l'arrestation a été effectuée sur le marché prétendit être un inspecteur de police en civil mais fut incapable de nous présenter sa carte officielle qu'il avait pourtant dans sa poche comme le démontra la fouille.

L'homme est rentré dans sa femme et en est ressorti armé d'un fusil à pompe.

C'est dans le four encore chaud de sa boulangerie que nous avons découvert le corps glacé du suicidé…

Le trou de balle était si gros que nous avons pu y mettre deux doigts...

L'animal n'a fait qu'une bouchée de la carrosserie du véhicule...

Sa plainte a été enregistrée sans intérêt de notre part parce que ce n'était pas la première fois et que la femme était considérée chez nous comme une récidiviste des plaintes sans intérêt. Quand monsieur le maire est venu nous signaler le décès suspect de la dame, nous avons alors pris bonne note de ses plaintes et ouvert aussitôt une enquête qui est en cours.

L'homme conduisait son camion depuis plusieurs heures avec un air désinvolte et suspect...

Avons constaté que le but du larcin était bien le vol...

Le trou était d'une telle grossesse qu'il nous a fallu près d'une heure pour le boucher.

Interpellé lors d'un contrôle de routine, le voleur prétendit avoir dérobé les chandeliers pour nourrir ses enfants.

Surpris avec son fusil chargé et un lot de 20 cartouches, l'homme persista néanmoins à prétendre qu'il se rendait à la pêche.

La voiture est entrée en collaboration avec un camion.

La fusillade ayant entraîné la mort des deux hommes ayant eu lieu le soir du 14 juillet, il apparaît tout à fait normal que nos hommes ne se soient pas déplacés pour ce qu'ils croyaient être de simples pétards comme ils en avaient entendu toute la journée...

Le patron de l'établissement a reconnu devant nous avoir bien menacé le plaignant avec un fusil en colère...

Pendant son interrogatoire, l'homme s'est à plusieurs reprises mouché dans ses doigts d'un air goguenard...

Le plaignant, visiblement en état d'ébriété, prétendait s'appeler Jésus et signa le formulaire d'une croix...

Au carrefour dit de « La Roquette », le véhicule a fait de grands signes de la main avant d'aller percuter.

L'homme se promenait entièrement nu dans la rue, simplement vêtu d'une perruque blonde qui ne cachait pas son anatomie.

Si nos gendarmes n'étaient pas intervenus, le viol n'aurait sûrement jamais eu lieu...

La victime se trouve être la doyenne de la commune, une femme qui au dire de tout le monde était encore dans la fleur de l'âge.

Quand nous avons ouvert la sacoche que le voleur emportait en courant, nous avons eu la désagréable surprise de constater qu'elle contenait en effet l'argent du vol.

Pour finir, l'interpellé avoua le vol ainsi que quelques autres meurtres.

Libéré à 11 h 15, l'homme refusa de quitter sa cellule avant la tombée de la nuit de peur d'avoir à rentrer chez lui sous les huées de sa femme.

Debout sur le capot de sa voiture, l'homme chantait à tu tête des chansons paillardes pour essayer d'attirer l'attention des deux femmes qui finirent par se réfugier dans l'église pour échapper à son organe puissant.

Si l'appel n'a pas obtenu de réponse, c'est qu'il est parvenu au poste vendredi en fin de matinée alors que le permanent de service venait de partir se coucher, comme tous les jours à la même heure.

Arrêté par les gendarmes, le voleur les a menacés d'appeler la police.

L'homme prétendit surtout que les vols auraient pu être commis par un sosie qui ne lui ressemblerait pas mais un peu quand même…

Prétendant que le brigadier ne savait pas taper à la machine, l'homme tenta alors de s'emparer de la dite machine pour en faire des confettis.

Pour recueillir son témoignage, nous nous sommes rendus dans l'intimité de la plaignante.

En nous priant d'accepter ses excuses, l'homme nous affirma que ses injures étaient bien l'expression de sa pensée et que l'incident était donc clos.

Le peloton presque au complet a passé plusieurs heures à saisir le matériel incriminé qui n'avait aucun intérêt pour l'enquête menée...

Il est à noter que les deux véhicules sont entrés en collision l'un avec l'autre exactement le même jour.

Le prévenu nous donna sur le champ le nom et l'adresse d'un avocat qui n'existait que dans son imagination vu que nous ne le connaissions pas...

Toutes les forces de gendarmerie étaient sur les dents à cause des morsures fatales infligées par l'animal aux troupeaux de la région.

Amoureux éconduit, M. Viande s'est enfoncé un poignard dans la chair.

Malgré un taux d'alcoolémie de 3,8, le conducteur avait gardé toute sa lucidité pour écraser l'animal…

L'homme était bien aveugle, comme il le prétendait, et son pantalon maculé était là pour le prouver.

L'homme prétendit avoir visé le lièvre, tuant pourtant son voisin à cette occasion…

Sous le coup de la colère, l'homme mangea une pomme en ricanant…

Le prévenu s'imaginait que du vin rouge coulait de sa blessure et ne voulut admettre le contraire qu'en goûtant le sang qui en sortait.

Peu de morts furent aussi bavards que celui-ci...

C'est à l'intersection des deux routes que le mur a violemment heurté la voiture...

Le cadavre ne semblait pas en pleine possession de toutes ses facultés...

Disparu depuis bientôt trois semaines, il a été prouvé que l'homme n'avait pas quitté son domicile où plusieurs habitants du village avait pu le voir en chair et en os malgré son absence.

Enfermé depuis quinze ans chez lui, l'homme sortit enfin de sa réserve...

Innocent ou coupable, l'homme manifestait ouvertement sa culpabilité...

Le conducteur a été victime aux deux jambes d'une infraction caractérisée.

Prise par derrière, la femme tenta de reculer pour mieux s'éloigner...

Constat a été dressé par nous qu'il n'y avait rien à constater...

Un violent coup de marteau l'avait cloué au lit depuis deux jours...

Le vent ayant tourné, le projectile fit demi-tour pour revenir sur ses pas.

L'individu, courant à son tour, réussit à la rattraper avant la fin des bois. Il tenta d'abuser d'elle et à deux reprises mais, pour une cause indépendante de sa volonté, il ne put arriver à ses fins.

L'homme exécuta sans réticence tous les ordres que personne ne lui avait donnés.

Rescapé des camps de la mort en 1944, le gitan continuait pourtant d'habiter un camp proche de la commune.

Le rictus de la mort déformait son sourire...

L'homme fut donc aussitôt inculpé pour attentat à la pudeur. Les causes de l'incendie ne sont pas encore établies.

Le trou de balle était nettement visible à la base du dos...

Retrouvée le crâne défoncée à coups de marteau par des passants, la victime n'a pu donner des explications sur l'odieuse agression dont elle avait été victime.

Dégagé à coups de pioche de son cercueil de béton, le squelette ne dit rien aux enquêteurs.

Le pendu est mort noyé.

Blessé par des cris perçants, la vieille dame dut être hospitalisée.

Comme il devait être pris en charge au plus vite par un asile d'aliéné, il a été conduit à la gendarmerie.

CHAPITRE 9

Du côté des ministères

Votre dossier étant complet, merci de bien vouloir y joindre les pièces manquantes.

Votre demande ayant déjà été rejetée à trois reprises, il est complètement inutile de continuer à nous la relancer dans les jambes tous les 36 du mois !

Sont considérés comme locaux secs ceux qui, sauf cas exceptionnels, restent toujours secs.

Nos bateaux de pêche ont abandonné la mer et l'ont transformée en un véritable Sahara.

Les heures payées ne seront pas réglées.

Votre demande a fait l'objet d'un examen attentif du service concerné. Néanmoins, n'ayant pas reçu votre demande, il nous est impossible d'y donner suite.

Le total des douze premiers mois de l'année…

Dans ce département d'outre-mer, l'été dure six mois et l'hiver deux fois plus longtemps…

Dans le domaine particulier de la prostitution, il convient d'agir au coup par coup…

Dans le cas où l'événement donne droit à deux jours d'indemnités, il y a lieu de noter que la date du mariage constitue le premier jour, celle de l'enterrement le dernier jour.

Regrettant de ne pouvoir donner suite à votre requête, nous vous prions d'agréer, monsieur, l'expression de nos sentiments désolés.

Cette commission a pour mission, sous l'autorité du ministre, de provoquer la création de services sociaux existants.

Les plans du bâtiment n'ayant pas été enregistrés par le service concerné, celui-ci reste susceptible de s'écrouler.

Dès que nos services disposeront des moyens nécessaires, nous ne pourrons pas donner suite à votre requête.

Après étude de votre réclamation, il s'avère que le refus prononcé par mes services était bien motivé au vu de nombreuses motivations.

Pour aller de l'avant, nous avons donc préféré prendre un peu recul…

Contrôle qualité : bientôt un CLAQ à la chambre des métiers.

On classera ici toutes les persones non mentionnées ailleurs dans le présent code et considérées traditionnellement comme « non actives », quelles que soient la nature, la cause ou la justification de cette inactivité. Par exemple : Capitaliste, Idiot, Imbécile, Propriétaire, Prostituée.

A compter de ce jour, veuillez adresser votre courrier à notre nouvelle adresse au siège de l'ancienne adresse.

Pour les médailles du travail, voir à la rubrique « Obsèques ».

L'étude de votre dossier semble indiquer en effet que nous l'avons bien reçu.

Une erreur comptable nous a fait vous débiter la somme de O F que vous pouvez venir réclamer à nos guichets muni de l'attestation ci-jointe.

Merci de bien vouloir nous faire parvenir sous huitaine la somme de : 0 FRS majorée des intérêts de retard, soit un total de : O FRS.

Notons que dans près de 67 % des cas, ce sont les femmes qui ont le bonheur d'enterrer leurs maris.

La France est le seul pays d'Europe où l'on mange autant de viande qu'ailleurs.

Les recettes ayant équilibré les dépenses, le budget ne pourra être voté qu'une fois parvenu à l'équilibre…

J'ai l'honneur de porter à votre connaissance les faits suivants : NÉANT.

25 milliards de Français espèrent vivre bientôt en maisons individuelles.

Nous sommes au regret de vous informer que votre dossier a été refusé pour le motif suivant : REFUS.

La majorité des enseignants se mettra en grève demain pour réclamer énergiquement une diminution réelle de leurs salaires d'au moins 10 %.

Merci de bien vouloir nous préciser la nationalité de votre sexe...

Si la situation dans ces régions reste très favorable, il conviendrait que cela ne dure pas trop longtemps.

Les fausses pièces étant devenues monnaie courante...

Toute cette industrie de transformation ne doit donc pas être soumise à transformation...

Le taux qui vous sera appliqué sera donc minoré de 1,85 % sur la base de 47,3 % du total hors-taxes majoré de 0,77 % en vertu de la dimuntion de 0,24 % du montant total hors TVA applicable au 1er janvier 1997.

La commission insiste sur l'urgence de la reversibilité de la femme mariée sur son conjoint.

Merci de bien vouloir régler cette facture dans les trois mois et impérativement sous huit jours.

Les chiffres ont définitivement atteint le sommet d'une courbe qui ne cesse de monter.

Sans réponse de votre part, nous ne pouvons pas savoir si vous nous avez écrit...

Il est donc maintenant statistiquement prouvé que les veuves vivent plus longtemps que leurs maris.

L'activité est la position normal du fonctionnaire. Toutefois, dans cette position, il a droit :
1) à un congé annuel.
2) à des congés maladies.
3) à des congés de longue durée.
4) aux congés pour couches et allaitements.
5) aux congés destinés à favoriser l'éducation ouvrière.

Merci de bien vouloir fermer la porte avant d'entrer.

Le sexe du conjoint mâle doit être clairement indiqué...

Si vous désirez obtenir une réponse, merci de bien vouloir joindre un timbre d'un montant de : quatre-vingt-dix-sept mille francs et vingt centimes.

La porte des WC étant condamnée jusqu'à la fin du mois, merci de prendre vos précautions avant d'arriver devant elle.

L'intérim du Trésorier-payeur sera assuré par M. TRÉSOR.

Le reçeveur sera absent de 13 h 30 jusqu'à son retour.

Ce règlement ne s'applique pas aux personnes qui en ont déjà été victimes...

Le service de l'enregistrement est ouvert tous les jours de 9 h à 12 h et de 14 h à 16 h, à l'exception : - de tous les dimanches et des jours fériés prévus au calendrier officiel de l'administration - de l'après-midi de chaque samedi sauf le premier samedi de chaque mois uniquement de 14 h à 15 h - du premier mardi de chaque mois de 15 h à 16 h - du dernier jour ouvrable précédant le 26 de chacun des onze premiers mois - de l'après-midi du 25 ainsi que du 31 décembre.

Le caractère provisoire de cette décision est donc désormais définitif...

Devront aussi se déclarer les employés de sexe non déclaré.

Comptent pour actifs les services suivants :
— Instituteurs.
— Gardiens de fauve au Muséum d'Histoire naturelle.

C'est parce que la Prévention routière est une association jeune, forte, dynamique, que nous pourrons atteindre dans les années à venir le chiffre de 10 000 tués par an sur nos routes, ce qui constitue désormais notre objectif.

Les anciens combattants morts pour la France sont appelés à transmettre leur dossier de régularisation avant fin juin.

Nous vous serions obligés de vouloir bien nous faire connaître quel aurait été le salaire horaire de l'intéressé s'il avait travaillé le jour de son décès.

Dans le cas de remboursement anticipé, il sera appliqué une majoration de 10 % pour retard.

Pour connaître les raisons de ce refus, merci de contacter M. SÉNON au poste 10.17.

Les agriculteurs livrant leurs vaches à un taureau non admis à effectuer la monte publique seront poursuivis comme complices.

En cas de départ anticipé à la retraite des deux conjoints, seul celui des deux qui aura quitté son emploi le dernier se verra remettre la prime annuelle qui équivaudra cette année à 3 minutes de salaire, jours fériés non compris.

Au ministère de la Justice, les agents touchent une prime de « chaussures » de 14 francs par mois. Les employés des cimetières, quant à eux, ont droit à une prime d'entretien du petit matériel (notamment les pelles pour nettoyer les tombes).

Merci de noter que l'entrée du ministère se fera désormais par la sortie.

La question n'ayant pas été soulevée par les membres du Cabinet, le problème fut résolu dans les meilleurs délais…

François B... a été plutôt surpris de recevoir un courrier l'appelant à effectuer son service militaire. En effet, il a 70 ans !

Il est rappelé à tous les services concernés que cette note n'est destinée qu'aux services concernés et à eux seuls.

La direction générale des services rappelle à tous les utilsateurs du matériel informatique que celui-ci est strictement réservé au travaux professionnels et que sont strictement interdits les jeux de toute nature ainsi que le visionnage de films ou de dessins animés pendant les heures de service.

Le débat sur l'utilité de la fonction publique est reporté pour cause de grève.

Article 1. — Hors le cas de force majeure et de sauvetage, les hélicoptères doivent atterrir et décoller.

La confidentialité des notes de service ayant subi de graves manquements, toutes les notes émises dorénavant devront être confidentielles.

Durant la période des fêtes, la permanence des services administratifs sera assurée par Monsieur P. Noël.

La chasse de nuit étant interdite le jour…

Nous avons dû interdire l'usage des bazookas et autres appareils ménagers dans le périmètre de l'agglomération entre 22 heures et 6 heures du matin.

La préfecture a enregistré la candidature de M. Élie Miné, cultivateur.

Après 15 ans consacrés à l'étude du dossier, la décision vient d'être officialisée…

La violente tempête sur le département des Bouches-du-Rhône dont fait état le rapport a contraint au déploiement du plan d'urgence dans le Finistère.

Cet arrêté, déclaré nul et non avenu, reste donc en vigueur…

Étant orphelin de père et de mère, l'enfant vit maintenant avec ses deux parents…

La note précisait bien que l'île de Sein a manqué de lait…

Le lot de 24 photocopieurs noir et blanc sera livré en couleur…

La formation des moniteurs d'auto-école implique donc qu'ils obtiennent le permis de conduire.

Défunt sans le savoir, il apprend sa mort en lisant un avis adressé à sa « veuve ».

Concernant les arrêts maladies, prière de joindre l'acte de décès.

La commission s'est vu confier pour mission de décider quels membres en feront partie…

Les candidats à ce poste devront se déclarer dès que le poste ne sera plus vacant.

Le statut des gardiens sera modifié en fonction du statut des gardiens.

La journée des amitiés franco-belges se déroulera à Londres le 25 mai prochain...

L'indice 27 du barême 0.9 est modifié et devient : indice 27 du barême 0.9.

Les quotas décidés par la commission seront revus à la baisse aussitôt connue le taux de la hausse.

Le retour des notes après signature doit s'effectuer avant toute signature.

Le groupe de réflexion se propose donc de réfléchir...

Merci d'apposer votre signature sur le document ci-joint que nous vous ferons parvenir bientôt...

Selon le code de la nationalité, acquérir la nationalité française demande une bonne connaissance de la langue française. Or, le formulaire d'information du service des naturalisations est lui-même truffé de fautes d'orthographe !

Le législateur a décidé de permettre aux ouvriers exerçant une profession pénible de s'arrêter à 60 ans. L'administration chargée de dresser la liste de ces professions n'a jamais pu y parvenir, sans doute parce qu'elle ne se sent pas directement concernée.

Merci de rédiger lisiblement l'ensemble des documents, particulièrement les rapports informatiques.

Les guichets sont ouverts au public de 9 h à 9 h 5 du lundi au vendredi.

Les prix fixés par décret seront désormais fixés par décret.

Chapitre 10

Les pompiers

Le suicidé était un simulateur qui avait menacé à plusieurs reprises de se suicider avant de réussir à le faire.

Selon l'un des témoins, c'est une voisine, Mme Boum, qui a averti la police de la forte déflagration.

La gravité de la blessure était telle qu'il a fallu que les pompiers découpent la voiture avant de lui donner les premiers soins.

Les recherches furent infructueuses puisqu'elles permirent de découvrir le corps...

L'enquête a démontré que l'incendie avait été allumé à l'aide d'un feu…

Le feu semble avoir été allumé avec un objet contondant…

Dans le souci de ne pas déranger les gens la nuit, la sirène d'appel n'a pas été actionnée et le feu n'a pu être maîtrisé faute de volontaires…

Pompier de son état, l'homme ne quittait guère son foyer.

Si le blessé perd son sang en abondance, garder son sang-froid.

La maison était détruite à 100 % quand le feu reprit et brûla tout le reste.

Avons noté une fracture de la jambe gauche au niveau de la clavicule...

En cas de début d'asphyxie, ne pas utiliser les extincteurs pour soulager le malade.

Nos services ne doivent jamais rester sourds à l'appel muet de la détresse...

Le cœur du mort battait à toute vitesse quand les premiers secours arrivèrent sur les lieux.

Le décès étant survenu à 20 h, aucune autre conséquence pénible ne fut à déplorer.

Les pompiers de La Rochemillay arrivèrent à Poil en un temps record.

Les habitants sont priés d'avertir la caserne des pompiers avant le début de l'incendie.

Dans ce rapport, seul le chiffre des décès semble encourageant…

Malgré son décès, tous les soins nécessaires lui furent donnés…

Mme Roty a été brûlée vive, hier, dans son appartement.

En cas de morsure de serpents, il est inutile et même dangereux de sucer la victime…

L'explosition semblait due à une bobonne de gaz…

Lundi, vers 10 H 50, un feu de cheminée s'est déclaré chez M. Aimé Lasécheresse.

Le bâtiment étant complètement dépravé n'a pas résisté longtemps à l'incendie…

A l'occasion de la fête, nous passerons la revue des pompiers l'après-midi s'il pleut le matin, et le matin s'il pleut l'après-midi.

Heureusement, la célébrité des pompiers a évité le pire.

L'institutrice, écartant les enfants, dégagea la victime, lambeau par lambeau.

Le lieutenant de sapeurs-pompiers s'est éteint mardi, au milieu de ses camarades du feu.

Reste à déterminer comment est mort le noyé...

Lorsque les cadavres sont carbonisés, le rôle des sauveteurs est terminé.

CHAPITRE 11

Quelques services publics

L'homme travaillait à la SNCF depuis sa naissance...

Le supplément d'affranchissement perçu pour les pays à risques ne dispense pas de l'affranchissement perçu pour les pays où le courrier ne peut être actuellement acheminé.

Merci de rédiger lisiblement le nom et l'adresse de l'expéditeur avant de glisser celui-ci dans les sacs prévus à cet effet.

Le comité d'entreprise organise pour Pâques un séjour de trois jours à Paris, avec visite des canaux en gondole.

Pour la vente des timbres, merci de s'adresser dorénavant au comptoir « Vente des timbres ».

La visite médicale sera assurée par le responsable du chantier...

Le courrier au départ doit être déposé dans la case « arrivée ».

Un abonné toulousain vient de recevoir une facture EDF-GDF de zéro franc. L'homme est sommé de payer son dû dans les huit jours. S'il ne rembourse pas sa dette, la compagnie va « opérer le recouvrement par toutes voies de droit ».

En réponse à votre courrier du 15 courant, merci de bien vouloir nous adresser un courrier du 15 courant.

La base du bâtiment s'est effondré, laissant le sommet intact…

Pour consulter notre conseiller financier, merci de le frapper avant d'entrer de 9 h à 12 h.

Une rupture de cable électrique sur les voies nécessitera l'emploi de machines à diesel le temps nécessaire, soit moins d'une semaine, mais en tout cas pas plus d'une quinzaine.

Les bureaux de la poste sont ouverts SANS INTERRUPTION de 8 h 30 à 10 h 30, de 14 h à 15 h 30 et de 16 h à 17 h.

Le train de 8 h 37 partira dorénavant de la voie n° 4 et non plus de la voie n° 4.

Pour faciliter le travail du facteur, les lettres doivent être timbrées exactement comme lui.

La grande balance étant inutilisable, merci de n'envoyer que des colis de plus de 5 kg inférieurs à 5 kg.

Le buffet de la gare est exclusivement réservé aux voyageurs munis de trains en partance.

Les quais B et C étant en travaux, les trains attendus sur les voies correspondantes arriveront en cars affrêtés à cet effet.

Descendu du train en marche, l'homme tenta de s'enfuir en dérobant un wagon…

La salle d'attente de la gare est réservée aux voyageurs munis de trains en partance.

Le service de cars reprendra son service de navette dès le début de la reprise de son activité.

Le billet de congé annuel vous permet de sortir de France par un point et d'y rentrer ensuite par un autre, ou vice versa.

Nos services sont ouverts de 9 h à 17 h tous les jours de la semaine sauf le lundi, mardi, jeudi et vendredi.

Le nombre de voyageurs descendus dans une gare ne peut être supérieur au nombre de voyageurs existant dans le train au départ de la gare précédente.

Il est rappelé que la circulation à sens unique s'effectue dans les deux sens.

Tout colis abandonné sera considéré comme abandonné.

Les abonnés peuvent désormais communiquer directement avec le département et l'au-delà.

Les dégâts causés à l'incinérateur par le feu vont empêcher son fonctionnement durant la durée des travaux.

Note à la manutention : Installation pour jeudi 9 h de la grande table rectangulaire réservée aux tables rondes…

Si l'on ne s'est pas rendu compte de ces inégalités plus tôt, c'est parce qu'on a attendu aujourd'hui pour s'en apercevoir.

La déduction n'est pas déductible de la déduction.

Seuls les hommes ont le droit de décharger dans l'enceinte.

Le congé maternité ne pourra commencer plus de dix mois avant la naissance.

La chapelle gothique, de construction récente, nécessitera cependant de nombreux travaux…

Cette décision ayant été annulée, merci de veiller à son application scrupuleuse.

Majorés de 50 %, les frais d'inscription de 100 F passent à 80 F.

Sur les 13 premiers mois de l'année, une augmentation de 27 % a été notée…

Le règlement n'ayant pas été modifié, le nouveau règlement prendra effet dès lundi.

Sont considérés comme non présents les personnels suivants : ABSENTS.

Né en 1937, l'intéressé devait décéder deux siècles plus tard…

Votre attestation ne nous étant pas parvenu dans les délais, nous sommes au regret de vous annoncer que nos services ont donné une réponse favorable à votre dossier.

La SNCF nous montrera la voie…

Il paraît donc impossible de refuser son adhésion à la proposition 7 + 15 = 12.

Les enfants comptant 40 ans de mariage sont invités à se faire inscrire avant la fin de l'exercice 1996.

La grippe ayant fait des ravages dans l'effectif de nos services, merci de penser au renouvellement de votre vaccin antirabique.

Nous vous rappelons que la demande de naturalisation française doit être rédigée en français.

Le service est interrompu pour cause d'interruption du service.

Le remplacement des agents absents sera effectué par des agents présents.

Les véhicules de service doivent rester immobilisés jusqu'à leur départ.

Un homme d'affaires américain réclame en justice près de 70 millions de francs à la compagnie aérienne Air France pour avoir été brutalement extirpé, à moitié nu, des toilettes d'un avion par des membres d'équipage. Ils croyaient qu'il fumait.

En période d'hiver, le chauffage se déclenche automatiquement dès que la température passe en-dessous de 100°.

Les barrières de sécurité ne devront pas empêcher d'assurer la sécurité des visiteurs.

En cas d'arrêt du moteur, arrêter immédiatement le moteur.

Dans ce dossier, nous avons fait l'impossible et même bien davantage...

Entre l'est et l'ouest, il y a bien sûr le sud...

Le chiffre d'affaires des filliales routières des chemins de fer est aujourd'hui supérieur à celui du fret rail. La SNCF transporte plus de marchandises par la route que par le rail.

Ne circulent que les trains susceptibles de circuler…

Un chauffard, qui avait pris la fuite à l'issue d'un accident, s'est vu retirer, vendredi à Carcassonne, 16 points sur un permis de conduire qui n'en comporte que 12.

Les Assedic ont baissé le montant de l'allocation chômage de Jean-Pierre L... parce qu'il « travaillait » bénévolement aux Restos du Cœur.

Convoquée d'urgence 26 ans après sa demande d'emploi.

La SNCF précise que les festivaliers qui désirent prendre le train pour se rendre aux Eurockéennes peuvent bénéficier de 50 % sur les aller-retour de leur trajet et non d'un demi-tarif comme annoncé hier.

Pour le rembourser, on réclame au machiniste le nom de ses agresseurs.

Édition exclusivement réservée
aux adhérents du Club
Le Grand Livre du Mois
15 rue des Sablons
75116 Paris
réalisée avec l'aimable autorisation des éditions Albin Michel

*Le flashage de cet ouvrage
a été réalisé par l'**Imprimerie Bussière**
l'impression a été effectuée
sur presse Cameron dans les ateliers
de **Bussière Camedan Imprimeries**
à Saint-Amand-Montrond (Cher).*

*Achevé d'imprimer en février 1998.
N° d'impression : 981101/4.
Dépôt légal : février 1998.*